宗教の限界と人生の意味

V・フランクルの視点

野田啓介
Keisuke Noda

もくじ

はじめに

宗教は、時に暴走します。その暴走のエネルギーは「愛」と理想を目指す信仰者の宗教的な献身と情熱によって巻き起こり、その愛を支えている家族にやり場のない悲しみをもたらすという逆説的な矛盾をはらんでいます。

宗教は時として家族を破壊する

どこにもやり場のない人の苦しみに手を差し伸べ、愛する人を失った人の悲しみに寄り添い、誰も顧みることのないどん底に生きる人の人生に寄り添ってきた宗教が、時にイデオロギーと化し、普通に暮らしている人の家庭を引き裂き、財政破綻に追い込むこともあります。人間の悲哀や苦悩に誰よりも心を傾けるはずの信仰者が、最も身近にいる家族の人の苦しみに耳を傾けないばかりか、会話もできない「飛んだ人」となり、心豊かな場になるはずの家庭が不信とさい疑、口論の絶えない戦場と化すこともあります。

どうしてこんなことが起きるのでしょうか？　信者の一人一人はとても良心的な人が多く、心から誠心誠意をこめて「あなたたちのためにやっているの！」と固く信じています。ボタンを掛け違えたように、ちぐはぐな会話が続き、ため息と悲しみが楽しいはずの食卓をやりきれない寂しいものにします。

「何がどこで違ったのだろう？」信者の家族の者は、いくら考えても答えはおろか、その問いを紐解くきっかけさえ見えません。経済的な困窮は生きることすら苦しいものに変え、先の見えない閉塞感は、心も身体もへたへたにして「死」が希望にみえるところにまで生は追い込まれます。絶望的な心の乖離を打開しようと、信者である母あるいは父は、更に信仰に肩入れし、埋めるはずの断絶は、埋めようとすればするほど逆に大きく深くなっていきます。

信仰を捨てたなら人生に意味がなくなるのだろうか

一体何が起こっているのでしょうか？　家族を助け、愛したい一心でいる信者と、会話すら成り立たない家族の乖離。親しく近い者同士であるからこそ、埋められない溝や対立は、先鋭な痛みとなって心を絶望に追い込みます。「こんなはずではなかった」という思いは、家族だけでなく信者の心にも去来します。しかし、出口のない迷路のような宗教の教えは、どう向き合ったらいいのでしょうか？

信仰も思想も、服を着替えるように簡単に変えることはできません。それは自分がどう生きるかという生き方にかかわり、さらに自分の生きがい、自分のアイデンティティーにまで関わっているからです。信仰に長く生きた人にとっては、自分の人生そのものが、自分の生き方の是非が根本的に問われるからです。宗教はひとつの物語を通して人に生きる意味を与え、やり場のない人間の苦悩に寄り添い、生きる希望を与えるところに成立しています。ですから「生きる意味」という問いを抜きにして、宗教信仰をしている人の問いに寄り添うことはできません。

ここに根本的な問いがあります。宗教信仰をしている人は、その信仰こそが人生に意味を与えてくれたと確信しています。では、自分が信じている信仰を捨てたら、人生に意味はなくなるのでしょうか？　それとも人生は、信仰を持つと持たないとにかかわらずそれ自身で意味があり、生きることに価値があるのでしょうか？

人生に意味と価値があるから宗教に意味が生まれる

ナチの強制収容所を生き抜いたオーストリアの精神科医ヴィクター・フランクルは「人生の意味」をすべての問いの中心に据え独自の精神療法を提起しました。宗教への深い洞察のあったフランクルは、宗教信仰の意義を認めていましたが、人生の意味と価値は、宗教信仰とは独立しそれには依存せずに存在することを明示しました。

宗教信仰から人生の意味や価値がひきだされるのでなく、一人一人の人生そのものに意味と価値があるからこそ、宗教に意味があるという視点です。フランクルは「意味への問い」は人間の存在そのものに備わったもので、人間のあらゆる理解、発見、行為を貫いている点を指摘しました。「意味」を手掛かりに人は言葉を理解し、宗教や世界観を判断し選択します。自殺すら、死が唯一の希望となり、死ぬことに意味を見出すことによってのみ挙行することができます。「人生の意味」の問いは生死の手前に位置し、宗教信仰の前に位置しています。多くの信仰者は、自分の宗教信仰こそが人生に意味を与える唯一のものだと信じていますが、その宗教を信じようと信じまいと、人生に意味がなくなるわけではありません。宗教の物語は、潜在的に既に存在する人生の意味と価値に、ひとつの物語を重ねて、その物語に沿った意味をかたちづくるものにほかなりません。

自分の信じる宗教が唯一絶対なのか

フランクルは、宗教への深い洞察をもっていましたが、自分の教派の信仰こそが唯一絶対で、他の宗教は無知か混乱だと考える排他的な教派主義は否定しました。ここには二つの問題があります。

一つは、もし教派の信仰からすべての価値や人生の意味がくるものならば、その教派の信仰を否定したり、その教派の宗教権威を否定した人の人生は無意味なのではないかという点です。さらに信仰者の眼から見ると、信仰否定＝反価値となり、信仰に反対する人たちは、善や愛、平和などの人間的価値そのものを否定する者と映るのではないかという点です。事実、排他的な教派主義の信仰者は、その教派の信仰や、宗教権威者を否定する者に対しては冷淡であるばかりか、場合によっては非人道的な行為にすら及びます。しかも、その非人道的な行為が、自分の信仰への献身からなされるという逆説があります。信仰への献身が異教徒、反対者、あるいは他の教派への攻撃を促し、愛と許しを説き、より良心的であるはずの信者が、教えへの献身のゆえに家族の苦悩にも寄り添えず、良心が麻痺したような非人道的な行為に及ぶという矛盾です。つまり、排他的教派主義がもっている逆説は、どこから生まれ、それをどう分析したらいいのか、そしてどうそれに向きあったらいいのかという問題です。そこには、当然宗教とは何か、宗教信仰にはどう向き合ったらいいのかという問いが含まれています。

二つ目に、組織というものはその拡大をはかる時、力の論理が優先して人間を拡大のための手段、駒のように扱う傾向があります。宗教組織も、とくに教派主義の勢力拡大の意志は、その教えの言説にかかわらず人間を目的とするのではなく手段と化し、勢力拡大の意志が、その宗教組織を運営する者も、あるいは信者も飲み込むのではないかという懸念があります。宗教は本来人間を目的としており手段とは見ていません。しかし、組織拡大の権力意志がいつしかその宗教の理念や目的を飲み込んで、組織防衛、組織拡大が事実上の行動原則となり、人間の手段化を推し進めることはないのかという問いです。信者も指導者も、意識上では宗教的価値を実践していると信じ行動しながら、実際には、権力意志に促されて行動しているという意識の前景と後景の分裂があり、それが「愛と正義」に燃えながら非人道的な行為に人を駆り立て、良心的に行動していると信じながら共感力が麻痺しているという矛盾を引き起こしているのではないでしょうか？

どうして宗教者が非人道的な行為に至るのか

宗教とは何なのか？　排他的な教派主義、すなわち、自分の教派の信仰が、全ての宗教を凌駕し最高最善で究極の真理だと考える立場とは何なのか？　どうして愛と平和を説く宗教、とくに排他的教派主義は、その教えとは真逆の非人道的な行為におよべるのか？　信仰によって良心はより敏感になっているのか麻痺しているか？　愛を実践していると確信している信仰者が信仰に舞い上がった「飛んだ人」となり、最も身近にいてその愛を支えている家族の苦悩への共感力がなくなってしまうのはなぜなのか？

そして、宗教教派の矛盾や腐敗、教えそのものに疑問を持ったとしても、どうしてそこを離れるのが難しいのか？　宗教は出口のない迷路なのか？　宗教に「はまっても」「とりこにならない」信仰というものはあるのか？

信仰の有無にかかわらず人生には意味がある

本書は、こうした一連の問いを掲げ、それを「人生の意味」という視点から分析します。既に述べましたように、フランクルは、人生に対し「人生の意味」を最も根本的な問いであると考えました。人間が生きるということそのものに意味があり、信仰はそこに一つの物語を重ねることに過ぎません。信仰を持とうと持つまいと、どういう世界観を持とうと、一人一人の人生に意味があり価値があるという事実は変わりません。信仰によって人生に意味が生まれるのではなく、人生に意味があるから宗教に意味があるというのがフランクルの視点です。

本書では、まず「人生の意味とは何か？」という問いに、フランクルがどう答えているのかを取り上げます。そしてフランクルの一人一人の人生の意味と価値への揺るぎない視点が、どのようにフランクルの開かれた宗教観を導き、その結果、それが排他的教派主義の問題点を開示しているのかを明らかにしたいと思います。

この本の見通しをよくするために、全体を貫く論点を三つにまとめました。

1　価値の源泉

すでに述べたように、教派主義的信仰では、全ての価値がその信仰に依拠しています。愛、善、正義、平和など、およそ考え得る価値、人生の意味は、信仰を土台として、そこから来るものと理解しています。そのために自分達の信仰を否定したり批判したりするもの、そして宗教教派の宗教的権威者を否定する者は、愛、善、平和などの人間的価値そのものを否定する者とみなされます。

一方フランクルは、一人一人の人生、人間はその存在そのものに意味と価値があり、それは信仰以前にあり、信仰のいかんによらずあるものと考えます。宗教信仰をもっているから人間や人生に意味や価値が見出されるのではなく、一人一人の人生に意味と価値があるから、宗教も意味を持つという立場です。宗教は、既に存在する人間の価値、人生の意味に、一つの解釈を与えて特定の意味に仕上げてゆく作業であるということです。ですから、フランクルの視点は、どのような信仰を持とうとも持つまいとも、その世界観にかかわらず人生の意味と価値を認め、多様な信仰に開かれた立場をとります。

2 宗教をどうとらえるか

宗教は多様ですが、そこに向き合う態度にもいろいろなものがあります。その宗教で語られる物語を文字通りにそのまま信じる人もいれば、虚構性、創作性を認めながらもその意味をくみ取ろうという人もいますし、全くのフィクションだという見方の人もいます。組織宗教に対しても「はまって」「とらわれている」人もあり「はまり」ながらも「とらわれていない」人もおり、はまらずに良い所だけをとろうという人もいます。当然、冷静に見る人もおり、否定的に見る人もいます。

宗教というものの特質を良く見極めたうえで、独断や狂信に陥る危険を避けながら、その人なりの適切な距離の取り方、対し方を決めるのが良いでしょう。フランクルは、宗教の肯定的な価値を認めていますが、排他的教派主義はきっぱりと否定しています。

それぞれの人にとって、宗教信仰が意味ある人生をおくるのに手助けになるならば、宗教信仰を役立てればいいし、そうでなければやめればいいし、それは各自の選択の問題に他なりません。一人一人の存在も人生も、それ自身で意味があり価値があるわけですから、どういう世界観、宗教を選ぶか、どう宗教に向き合うかは、それが人生の意味の仕上げにどう役立つかという、人それぞれの事情にそった選択の問題です。

宗教は疑似科学のようなとらえ方もありますが、それが自分の人生にどういう意味を与えるかで判断する見方もあります。信仰もまた、何を信じているかということではかられるのではなく、その人がどういう人となり、それが人々に何をどのように寄与したのかということではかられるという視点もあります。フランクルは、自身が強制収容所で体験したように、人間にはまともな人（decent man）とまともでない人（indecent man）の二通りの人があり、それはどのグループにもいるといいます。人間にとって、誰に何をどうするのか、その人の人間としてのあり方生き方こそが問われることであり、何を信じているかは二の次三の次の問題です。神の名を語りながら非道な事をする人もあれば、信仰とは無縁で黙して語らずに人を助ける人もたくさんいます。

フランクルは、何を信じているかという信仰内容ではなく、あくまでも人としての生き方あり方を軸に人間を見ます。それは真に人間の真価が発揮される地獄のような収容所の中で彼が見出した真理です。

3 排他的教派主義とは何なのか?

フランクルは、優劣という視点を権力意志によるものとみています。そこから敷衍《ふえん》すると、排他的教派主義は、たぶんに組織拡大という権力意志がその動因となっており、それゆえにこそ、目的であるはずの人間を組織の手段、道具とする危険をはらんでいると考えます。しかも、意識上は愛、善、正義などの価値の実践として自分の行為を解釈し、事実上は権力意志に動かされるという意識の前景と背景の分裂、分離があります。ここから、自分は信仰のために、正義のために献身していると信じつつ、現実には非道な行為にいそしむという意識と行動の矛盾が生じます。

フランクルは、愛も良心も、一人一人の人間に寄り添う形でのみその涵養が為されると指摘しています。教派主義的信仰はこうした視点を欠いているために、愛も良心も教派のスローガン以上にはならず、その結果、愛は観念的で、人の苦悩への共感力、良心の感性が欠けた人間にならざるを得ないという問題があります。

こうした三つの視点が本書全体を貫いています。フランクルが、人生を意味の視点から見つめたように、宗教を意味の視点から分析しました。ここには著者の個人的な宗教観も述べられています。信仰にコミットしている人からは、シニカルな姿勢に批判が来るでしょうし、宗教を妄想と思っている人からは生ぬるい分析であると叱咤されるかもしれません。信者の視点と、信者を家族に抱え込んで困り果てている人の視点の両方が介在することによって対話の道が開かれることを切に望んでいます。見えにくい教派宗教を信者も見えていない視点から分析することを心掛けました。タイトルは「宗教の限界」ですが、教派主義に焦点を当て、イデオロギー批判を含んでいます。以下、各章の主題です。

第一章「宗教への素朴な疑問」では、宗教信仰にまつわる素朴な問いをいくつか挙げていきます。宗教の問題を人生の意味という視点で見た時に関わってくる点を、エッセイ風に取り上げていろいろな切り口で述べてみました。信仰者の視点、その周りで戸惑ったり困ったりしている人の視点など、複数の視点から見ることによって、宗教の問題、人生の問題を考える素材、第二章以下の導入になればと思います。

第二章「人生の意味とは？　フランクルの視点」では、フランクルの考えをエクササイズも含めて説明しました。人生の意味に対するフランクルの視点がわかると共に、エクササイズを通して、読者自身が自分の人生にあてはめてみることをねらっています。この章だけ読めばフランクルの視点は大体わかるようになっています。

第三章「フランクルの哲学」では、フランクルの哲学的な立ち位置を掘り下げています。多少難しいかもしれませんが、フランクルの視点がどういうものか哲学的な視点で説明しています。第四章「信仰のパラドックス」は、第一章でとりあげた問いに対する私なりの答えです。「答え」というにはほど遠いかもしれませんが、考える際の参考になればと思います。

ヴィクター・フランクル（Viktor Emil Frankl, 1905–1997）の経歴

生い立ち

フランクルは、1905年にオーストリアのウィーンにユダヤ人として生まれました。父は社会福祉課で働く公務員で、ひとりの兄とひとりの妹の間に育ちました。

フランクルの眼には、父は「厳格で、ストイック」、母は「敬虔で、とても優しい」人だったと自伝に記し、責任感の強い自分の性格は父から受け継ぎ、アウシュヴィッツの収容所にいた時に、よくお母さんのことを想い出したと回想しています。

フランクルは早くからその才能を開花させ、高校生の時には心理学に興味を持ちフロイトに手紙を書き、彼の論文は精神分析国際ジャーナル（International Journal of Psychoanalysis）に掲載されています。

学生時代

ウイーン大学医学部に進んだフランクルは、フロイト、アドラーから精神医学を学ぶと共に、哲学的視点から精神医療理論の枠組みを分析した「精神療法と世界観」という論文をアドラー主催の個人心理学誌（Jouirnal of Individual psychology）に投稿し掲載されています。

フランクルはこの時すでに「人生の意味」を軸にした精神医療を構想し、アドラー理論の補完を試みます。フランクルはアドラー理論に欠けている「人生の意味」の視点を補完し、アドラー理論が発展するようにと提案したのですが、アドラーはそれを拒否し、結局、思いがけずフランクルはアドラーのサークルから追放されてしまいます。アドラー心理学の学者の中でもルドルフ・ドライクルスやアドラーの娘、アレクサンドルなどは、それでもフランクルの生涯の友でした。

フランクルは学生の身でしたが無料のカウンセリングセンターを開き、自殺傾向のある学生にロゴセラピーを基にしたカウンセリングを行い大きな成果をあげました。フランクルの活躍は専門家の目にとまり、例えばフロイトの弟子であったライヒ（Wilhelm Reich 1897－1957）によってベルリンへ招聘されるなど、プラハやブタペストの諸大学からも招かれて講演をしています。

医師として

卒業後、フランクルはウィーンの精神病院で精神科医として勤務し、特に自殺傾向のある女性の治療にあたり、年間三千人以上の女性を4年間（1933-1937）にわたって診療しています。

フランクルは、その後、ウイーンで唯一ユダヤ人を受け入れていたロスチャイルド病院の神経科の部長となりましたが、この時、1938年には、ナチスドイツはオーストリアを併合していました。

結婚と家族

フランクルは、このロスチャイルド病院で看護婦として勤務していたティリー・グロサー（Tilly Grosser）と出会い、1941年に二人は結婚します。やがてティリーは妊娠し、フランクルはきしくもアメリカへのビザを支給されます。ナチスのユダヤ人排撃の手はオーストリアにも及んでいました。フランクルは、両親を置き去りにして妻と共に海外に逃亡すべきか、それとも両親のもとにとどまるべきかというジレンマに陥ります。

フランクルが実家に戻った時、父が、焼け落ちたシナゴーグ（ユダヤ教の寺院）から持ち帰ったという大理石の玉を見せました。そこに刻まれていた一文字は、「汝の父と母を敬え」という十戒の一文字でした。それを見てフランクルは、そのままオーストリアにとどまることを決意します。この決断によって、フランクルは結果的にナチの強制収容所を経験することになるのですが、晩年その決断を振り返った時も、その決断を悔いることはありませんでした。

アウシュビッツ収容所へ

フランクル、妻ティリー、両親、兄は、プラハにあるテレージエンシュタット（Theresienstadt）強制収容所に送られますが、その時結婚から9か月後で、妻ティリーは妊娠していました。フランクルは四つの収容所で3年間を過ごし生き延びることができましたが、他の家族は皆命を絶たれます。

善悪の判断も途絶え、何もできないがゆえに何でもあり得る強制収容所の極限状況の中で、人間は何を考えどう行動するのか？　全てが無意味と思われる生にどう意味を見出したのか？　人間の尊厳とは何なのか？　フランクルは『夜と霧』の中で、こうした人間の根源的な問いに克明に答えています。収容所の中のフランクルの人生を知るにはこの本を通して、フランクルの直接の言葉に耳を傾けるしかありません。

ロゴセラピーに関していえば、強制収容所に連行された時、フランクルはロゴセラピーの原稿を持参していました。しかし、収監と共にその原稿は取り上げられて破棄されてしまいます。死と絶望が隣り合う収容所生活の中で、ある日、フランクルは収容所を生き延びて、解放後、必ずロゴセラピーを伝えようと決意します。かき集めた紙の裏にひそかに原稿の再構成を始めます。フランクルは、生き残れるかどうか定かでないにしても、それを続けることに生きる希望を見出したと回想しています。未来につながる時間を、現在の日常の中に必ず持つという自らの視点を現実に実行した一例です。

解放、家族の死

1945年、ナチスの滅亡による収容所からの解放と共にフランクルはウィーンへ戻り、友人のポール・ポラク（Paul Polak）を訪ね、そこで家族の死を知ります。フランクルは号泣しながら「必ず何かの意味があるはずだ」「何かが自分を待っている。自分は何かをなすべく運命づけられている」と友人に語ったと伝記に記しています。

『夜と霧』の出版

1946年には『死と愛』（Arztliche Seelsorge）を出版し、フランクルはその巻頭に「死せるティリーに」と綴って亡き妻にその本を捧げています。同年に『夜と霧』（Ein Psychologe erlebt das Konzentrationslager、英語：Man's Search For Meaning:An Introduction to Logotherapy）を出版するとこの本は世界中で読まれフランクルが亡くなるまでに24か国語に翻訳されました。この本は英語版だけでも一千万部以上発行され、1991年にアメリカ国会図書館とブック・オブ・ザ・マンス・クラブ（book of the month club）の合同調査では「最も影響を与えた本」の第9位となっています。

この年、1946年、フランクルはウイーン神経科病院でディレクターとなり1971年まで務めました。フランクルの著作を見ればわかるように、彼の思索は哲学的です。フランクルは、1947年にはウイーン大学で哲学の博士号（Ph.D.）を取得し、その論文は『知られない神』として後に出版され、そこでは心理学と宗教の関係を論じています。

ウイーン大学の神経科と精神科の教授

1955年からはウイーン大学の神経科と精神科の教授となり、85歳まで教壇に立っています。また実践面では、ウィーン・ポリクリニック病院の主任神経科医として25年間精神医療の現場に立ちました。アメリカのハーバード大学、スタンフォード大学をはじめとした数々の大学に招聘されて講義や講演を行うなど、学術界と医療の現場の両面において貢献し、大学から授与された名誉博士号は29に及び、209の大学で招聘講義、講演をしています。

見知らぬ人へも手を差し伸べる

こうした公的な活躍だけでなく、フランクルは、患者から全く見知らぬ人まで、助けを求める人には手を差し伸べるという一貫した姿勢を貫き、無数のエピソードが残されています。死刑囚から、真夜中に突然電話をかけてきた知らない人まで、フランクルは一貫して心を砕きその手を差し伸べることをためらいませんでした。ヴィクター・フランクル研究所やロゴセラピーの学会には、今も、フランクルに直接助けられた多くの人が集いフランクルの人柄を伝えています。

再婚・登山

1947年、フランクルはエレノア・シュミットと再婚し、一人の娘を授かっています。フランクルは若いころから山登りが好きで、アルペンクラブの山岳ガイドのライセンスを持つなど趣味も本格的で、ことにアルプスの山を愛しました。三つの難しい登頂ルートにはフランクルの名がつけられています。晩年になって飛行機の操縦に興味をもったフランクルは、趣味として操縦をはじめ、67歳の時にはパイロットのライセンスをとりました。

フランクルは自分の人生の意味について「他の人がその人生の意味を見出すのを手助けすること」と自叙伝を結んでいます。フランクルは１９９７年に92歳で逝去されました。

第一章

宗教への素朴な疑問

ここではフランクルの視点を織り込みながら、宗教への素朴な疑問、とりわけ排他的な教派主義の問題点を取り上げます。フランクルの宗教観は第三章で、掲げられた問いに対しての私なりの答えは第四章で提示しますが、この章では宗教の問題点そのものを考えてみます。

1-1 「人生に求めるものは幸福ではなく意味である」フランクル

「私の人生には、どんな意味があるのだろう?」

この問いは人の心に幾度となく湧き上がり、人はその度に戸惑うばかりです。人はどこから来て、どこへ行くのか? 私はどうして、苦しみに満ちたこの世に生を受け、生きながらえねばならないのか? 私の人生にどんな意味があるのか?「人生の意味とは何か?」これこそが、ヴィクター・フランクルが問い続けたものです。

オーストリア生まれのユダヤ人精神科医で、ナチスの強制収容所を生き抜いたフランクルと、それについて書いている筆者とでは、アルプスの山岳と丘にもならない盛り土ほどに、その生を支えている精神と経験の広がりが違います。しかし、フランクルは、こう一人一人に語りかけます。

「あなた以外に、あなたの人生を心底から大切にし、心からいつくしんでくれる人はいません。もし、あなたが自分の人生を心から愛し、誠実に生かしてあげなければ、誰があなたの人生に向き合ってくれますか？

　自分を大切にして、自分の人生に誠実に向き合うことは、個人に課せられた義務であり、責任だと思います。どんなに苦しくても、つらくても、あなたの人生に手を差し伸べ、それを生かすことができるのは、あなただけです」

　フランクルの言葉でいえば、人生の意味とは「自分の人生に何かを期待するのではなく、自分自身が、自分の人生に答えていかねばならない」となります。あなたの人生は「あなたに託されている」ということ。これがフランクが第一に伝えたいことです。それは、人生の舵をゆだねられた自分が、その舵を握りしめることが、人生に向き合う第一歩だということです。

　私たちは、普通、自分の人生に「何かを期待して生きる」という姿勢で生きがちですが、その態度は、人生を船にたとえれば、舵から手を離すことに似ています。舵取り手のない船は、世間という波間をあてもなくゆらゆらと漂ってゆくばかりで、辿り着く場所のない浮草のような人生と同じです。時に暴風雨に切り裂かれる場面に遭遇したなら、人はどうその舵をとったらいいのでしょう？地獄が現実であったナチの強制収容所で人生に向き合ったフランクルの示唆と教訓は、この世の地獄を生きざるを得ない人、自分の人生を放棄したい人にも「生きる意味」という決定的な生きる力を与えてくれます。

　「人生に幸福を求める」ことは、誰も疑いません。この言説はどこにもあり、いたるところで当然のように語られています。しかし、幸福になりたいと願いながら、私たちは何を人生に求め、どういう姿勢で自分の人生に向き合っているのでしょうか？　フランクルは、この「人生に幸福を求める」言い換えれば「幸福神話」とでもいうべき人生態度がズレたものであり、人が人生に求めるものは幸福ではなく「意味ある人生」であることを提起します。

人は時に思ってもいない不幸にみまわれ、そのまま死に追いやられることもあります。愛するがゆえに苦しむことも多く、人生はむしろ苦労の連続です。しかし、そうであったとしても、その担い方次第で人生は意味あるものに転換します。どんな状況に生まれ、何を背負って生きようと、どこでどう死のうと、自分の人生への向き合い方で、人は人生の意味がはっきりとつかめるように生きることができるのです。

幸福神話に酔っていると、苦しみ悲しみの時間は「残念な時」で、本当の自分の人生ではない時間、準備の時間と言えるでしょう。一方、幸せを感じた時が「本当の自分の人生の時間」となります。そうなると人生は、そのほとんどが「残念な時間」です。「あなたはいつ自分の本当の人生を生きているのですか?」という問いに対し、幸福神話に心を奪われていると、あなたの人生の大半は生きていないことになります。幸福は結果として来ることもあるが来ないこともある、しかし、人が人生において求めるものは「意味ある人生」を送ることであり、そのことによって人生が自分のものになるという点が重要です。

幸福神話に心を奪われて「大半は生きていない」ような人になるのではなく、自分自身に託された人生を、そのすべての苦労もしっかり受け止めながら「しっかり生き切る」こと、つまり「意味ある人生」を生きることで、人生が「自分の人生」になる、これがフランクルの視点です。

つまり自分の人生に責任を持ち、その操舵の舵をとるということは「幸福神話に酔う人間」から「意味ある人生を生きる」人間となり、人生を「自分のものとして生きる」態度に転換することを意味しています。具体的なエクササイズも交えて、第二章でこのフランクルの視点を説明します。

1-2　宗教信仰のパラドックス（逆説・矛盾）

しかし、人生を考えると、誰もが、答えのない問いに戸惑います。自分は、なぜ生まれ、死んでどうなるのか？　宗教は、こうした誰もが考える自然な問いに「答え」ます。「答える」といっても、それぞれの宗教が自分なりの「物語」をもっていて、その物語で「答え」ます。たとえば「死んだらこんな世界に行きますよ。だからこうしなさい。この世の矛盾や苦しみはこれが原因です。だから、こうしなさい…」と。いうなれば、宗教は、多かれ少なかれ「幸福になるための物語」を提供します。

取り返しのつかない罪を犯し、どこにも持っていくことができない罪悪感にさいなまれた人。愛する人を失い、死んでしまったその人の安寧を祈る気持ちを、どこにもっていったらいいのか戸惑う人。生老病死をはじめ、人生にまつわる問いに悩み、何らかの答え「真理」を知りたいと希求する人。それぞれの宗教が、異なった独自の「物語」を携えて「これこそが真理だ！」と訴えながら登場しています。

問題は何でしょうか？　ひとつにはその物語に確証がないことです。ところが「確証がない」などというと「確証がないなど、とんでもない！　確証があるから自分は信じているんだ！」という叱責が聞こえてきます。しかし、確証がないがゆえに、無数の互いに矛盾する宗教物語が古代から延々と語りつがれ、今もそう信じられているものが無数にあり、新しい宗教も次々に生み出されています。

そしてそれぞれの宗教が自分の領域を「聖域」として防御線を張っています。聖と俗というカテゴリーを掲げてテリトリーに防壁を築き、信仰主義（fideism）をうたって理性的な検討を避けるという方法をとって大小さまざまな宗教が自身の王国を築いています。城壁もなく、自由に行き来できるものもありますが、堅固な城壁で固め、入り口はあっても出口はない迷路のようなものもあります。信者は、一つの物語を信じてそれを共有する、その王国の住民のようなものです。

宗教信仰には、宗教という知（理論・教え・実践的な知）をどう見るかという問題と、宗教にどうかかわるか、あるいはどういう姿勢で対するかという関わり方の問題があります。宗教という知の特徴と、宗教へのかかわり方については、フランクルの視点を第二章で、それを踏まえた私の見方は第四章で取り上げます。

問題はその確証のない物語に、絶対の確信を持ち、更に、その信念が、狂気に近い信仰に飛翔することもあるという現実です。神道などの儀式的な宗教では心が「飛ぶ」ことはあまりありませんが、人生観、世界観を与える宗教では、心が別世界に「飛んだ人」になることがあります。しかも、いちどその信仰に舞い上がると、糸の切れた凧のように、その心は、信仰世界の雲の中を舞い続けます。プラトンは「恋に舞い上がること」を狂気になぞらえましたが、恋に取り憑かれた人のように、身体はそこにあっても、その心は、全く別の空間にあり、そこを舞い続けます。

信仰が組織化され、信者当人が、家の資産を持ち出して一家が破産し、家庭が崩壊するとなると事態は危険です。不可解なのは、信者当人は、その現実を見極める最低限の判断力と、巻き込まれた自分の直接の家族の苦しみ悲しみへの共感力が喪失している点です。さらに不可解なのは、家族を破綻させる一連の行動が「愛するがゆえに」と絶対的な信仰的確信のゆえになされている点です。

宗教信仰によっては、明らかにそこにパラドックス（逆説・矛盾）があります。愛を説き、良心を高めるはずの信仰が、どうして信者を非人道的、非良心的な行動に駆り立てるのか？

しかも「善意と愛から」どうして、非道な行為が行われるのか、という疑問です。

宗教信仰によって、良心は高められるのか、それとも麻痺するのか？　愛を説き、心の感受性を高めるはずの信仰が、どうして信仰者の共感力、人の悲しみを感じる感受性をなくすような結果をもたらすのでしょうか？

この信仰におけるパラドックスを解くために、その傾向が顕著な排他的教派主義の信仰を見ていきたいと思います。

排他的教派主義

教派主義的な信仰は「この教えは、他のどこにもない絶対、究極の真理である」という主張を含んでいます。本書では、単に教派主義としておきますが、極端な教派主義という意味で、単に教派であるから教派主義であるというわけではありません。教派主義は、ここから「救済は、その教団以外にはない」と結論付けます。

排他的教派主義の信仰は、他の信仰を「無知」か「不十分」か「誤り」か、果ては「悪魔、悪霊の仕業」「世俗主義」と見ており「自分たちの信仰こそが真の信仰であり、他の信仰は誤りだ」という優越性と排他性をその特徴としています。さらに信者の心には「選ばれた者」とそうでない者、「天国に行く者」と行かない者等のふるい分けが加わり、信者は「幸運の切符」を手にしたような意識の高まりを持っています。その物語が本当かどうかは別にして、それを信じることによって、他では得られない安心感と人生への希望を得られるために人は信仰を捨てることはありません。

こうした排他的優越性は、程度の差はあれ、新宗教、新興宗教にもみられますが、実際には、新旧を問わず多くの宗教教派が、こうした排他的な優越性を保持しています。エキュメニカル（超宗教・超教派）活動というものはマイノリティであり、多くのエキュメニカル活動も、実際には心の底から他の信仰の価値を認めているというよりは、自分以外は間違っていると思いながらも口には出さず、一応平和共存しておくという場合も少なくありません。その意味で排他的優越性は、教派的信仰の精神に深く染み込んでいるともいえるでしょう。

しかも、当の本人たちも、ほとんどの場合、自分が信じている信仰以外の信仰はほとんど知らない場合が多く、何も知らないのに、いや、何も知らないからこそ排他的優越性にまどろみうるという不可思議な事実があります。他の宗教を知っていてもせいぜい二つか三つの宗教で大まかな知識にとどまっています。宗教学者でない限り、他の宗教に関心もなければ、知る必要性も感じない場合がほとんどで、たとえ学んだとしても、自分の信仰を解釈の枠組みとしているので、自らの都合の良い解釈に留まらざるを得ません。

他の宗教を心から尊敬し、そこから学ぼうとしている人はむしろ少ないもので、ほとんどの信者は教派主義の枠組みの中でのみ生きています。教派主義の宗教組織も自派の優越性を訴えることに専念しており、信者はそこに安住しています。その基盤が揺るがされるような事態に遭遇しなければ…。いや「何かおかしい」と感じても、宗教には何をどう見直していいのか手掛かりがないという現実があります。

別の言い方をすれば「自分のところ以外には真の救いはない」と喧伝するからこそ人々はその信仰に来るのであって「どこに行っても救いはありますよ」と言えば、その宗教に来る必要がなくなります。商品の宣伝の場合、自社製品の問題点がわかっていても、販売戦略上、何が何でもその良さをアピールしますが、宗教の場合、様相は異なります。信者も教職者も、自分の信仰の良さを信じ、排他的優越性すら信じ何のためらいもなくその絶対的真理性を説いています。

宗教というもの、とくに排他的教派主義的信仰をどう理解したらいいのでしょうか？　信仰者は、自分の信仰の限界、問題点に気づくことはあるのでしょうか？　もっといえばどんなにその限界、深刻な問題点を直視しても、多くの信者がその信仰から心理的に逃れられない、離れがたいという現実があります。

そしてそれはどうしてなのでしょうか？　この問題に答えるには、信仰が実践的な生活システムとなっているという点を見る必要があるでしょう。

宗教の抜けにくさ

教派信仰は、単に教義だけでなく、それを支える組織があり、信者の共同体が形成され、儀式や、言語、シンボル等をもつ一連のシステムを形成しています。つまり、信仰が信仰システムとなり、生活世界全体となります。

さらにその教派の中で結婚相手が決められ、子供が生まれたとなると、信仰システムは、自分のアイデンティティー、結婚そのものの在り方、相手の選択、子供との関わりなど、自分の人生と絡み合い、自分の人生というものを作り上げている抜きがたい要素になります。つまり自分の人生を紡ぐ糸、その結び目がことごとく宗教信仰との兼ね合いで産み出されています。さらにその信仰に長くかかわってきた人にとっては、信仰の問題は、自分のそれまでの過去全体、人生そのものが問われる問題です。信仰を問うことは、自分のアイデンティティーを問うこととなり、どう向き合ったらいいかわからないという根本問題も生じます。あるいは、人生そのものの価値や意味を全否定する結果になりかねないのです。

さらに、その教義で使われる特有の言葉があり、その宗教共同体で共有化され信者同士の会話の日常言語となることによって、その言葉は現実性を帯び、物語としてのフィクション性、非現実性が薄らぎ、生きた現実として実在性、現実性を獲得します。その教派以外では何の意味もない宗教儀式も、信仰のシステム化によって信者にとっては生きた現実となり実在性を獲得します。つまり信仰がシステム化することによって、信仰は一人一人の内面の事柄ではなく、信仰共同体で共有化され社会化されたものとなり「疑う余地のない事実」になります。そうであるがゆえに無数の異なった物語が、想像をこえた不可思議な物語でも、信者の心に深く浸透し存在し続けるという事態が生まれます。

日常の倦怠を打破する新鮮さ

信仰は、信じる内容が、単独で存在するのではなく、教義、組織、共同体、儀式、言語、シンボル、芸術などの複数の要素から成っています。たとえば、荒唐無稽な陰謀理論にしても、それを唱えるリーダーがいて、もっともらしい物語（教義）がつくられ、そこに、同調する仲間（共同体）ができ、組織ができたり、仲間内の言葉が紡ぎだされたりします。新しい言語と物語は、その理論にそれが斬新な「発見」であり「俺たちは、みんなが知らない本当のこと、秘密を知っているんだ」という、歴史の未来を生きているような「新鮮な感覚」を与えてくれます。「これを理解できる俺は、選ばれた少数者だ！」という選民感も与えてくれるし、マンネリ化した日常生活では味わえないスリルと新鮮な息吹を味わい、仲間同士で勝手に燃え上がることもできます。

惰性と義務で縛られた「つまらない日常」、自分でも嫌になる「つまらない自分」から、信仰グループの一員になるだけで、一気にヒーローに飛翔させてくれます。このことである意味で意味の感じられなかった人生に、生きがいを感じるようになれるという側面もあるでしょう。陰謀理論は限定的な事柄に対するものですが、宗教は、個人の人生も社会も、そのすべてを包括的にあの世まで含めて扱っている点で、その規模と範囲が異なっています。

いずれにせよ宗教そのものを精査し、その限界をはっきりと理解することは、信仰というものの拘束力の強さと特有の抜け難さを考えると、誰にとっても避けられない課題です。ちょうど水面に石を投じると、そこから波紋が広がるように、フランクルの視点は、私たちの人生全体に幅広い示唆を与えてくれ、ことにフランクルの宗教への姿勢は、宗教信仰の問題点を深い所から浮き彫りにしてくれるでしょう。

宗教権威への挑戦

およそどんな宗教でも、その教義には、だれもがうなずけるような博愛、善、正義、平和、平等等の価値がうたわれています。愛は誰かれの分け隔てはなく、恨みは許し、相手のために自分を犠牲にしよう等々。こうした万人への博愛、許しと融和、平和と平等を説いているその宗教組織は、自分たちの教義を否定する者、とくに、その組織の宗教的権威者を否定する者には、その教義とは裏腹に、攻撃の手を緩めず、非人道的、非人間的な行為、暴力、殺人にさえ及ぶことがあります。

たとえば『悪魔の詩』(Satanic Verses) を書いたサルマン・ラシュディに対し、１９８９年、イランのルーホッラー・ホメイニーはラシュディ本人とこの本の出版にかかわった者に「死刑」を宣告しました。この本は、１９８８年にウィットブレッド賞（最優秀小説賞）を受賞するなど高い評価を受けた作品ですが、過激なイスラム教徒は、この本をイスラム教を冒とくしたものとみなし、暴力行為に及んだわけです。ラシュディは、幾たびも暗殺未遂を潜り抜けましたが、日本語訳者五十嵐一《ひとし》は1991年勤務先の筑波大学で殺害されました。

不思議なことに、教義がほぼ同じで、同じ経典を用いている分派で、違うのはグループの指導者、宗教的権威者だけという場合が多々あります。共に愛と許しを教義の軸としているにもかかわらず、教派主義者のその分派の信者への攻撃は熾烈です。同じ教祖から分かれた分派同士（各自は、その正当性を訴えていますが）が、膨大な費用を賭して法廷闘争を繰り広げている教団もありますが、一昔前なら、暴力闘争だったに違いありません。

教派主義も、表向きは他の宗教に寛容で、諸宗教の協調を掲げていることが多いものです。しかし、その「協調」の内実は、自分の教派のもとに統合するということにすぎないことが多く、それが証拠に、その寛容は、あくまで自分のグループの「宗教権威者を否定しない限り」という条件付きで成り立っています。ひとたびそのグループの宗教権威者を否定すると、多くの場合容赦ない攻撃に転じます。もとより自分たちは絶対的真理を保持し、他は無知か誤りであると確信している教派主義者は、他の信仰の価値をほとんど認めていないので「寛容」は、相手を取り込むまでの、あるいは取り込むための一時的な猶予に過ぎないともいえます。

宗教信仰のパラドックスは、全ての宗教にあてはまるわけではなく、排他的な優越性を固く信じている教派主義に特有の問題です。教派主義とは何であり、どうしてそうしたパラドックスが生まれるのかという問いは、解かれなければならない課題です。次の章で述べますように、フランクルの視点はその問題を解くのにとても助けになります。

「信じること」ナイーブさと頑固さ

「あなたは、どのように生きますか?」「私は、どうしてこの世に生を受けたんだろう?」など「生きる」ということには「問い」がつきまとってます。その問いには、死の向こう側、人生にからみつく運命の問題など、誰も答えはなく、どこにも持っていくことができない問いばかりです。普段はその問いにふたをして、目前の目標や手の届くことに心を向けていますが、目標に向かう合間、ほっと息をついたときなど、その間隙から、こうした問いが立ち昇り、何か「答えがあるのでは?」と期待して宗教の扉を開ける人もいます。

宗教は、どんな宗教でも、何千年の歴史があろうと、何百万人の信者がいようと、人生の難問への確証のある答えはありません。それぞれの宗教は一つの物語を与え、その物語なりの「答え」を提供するだけです。その「答え」が、その人にとって「意味あるもの」であれば、その限りにおいて「答え」であり、そうでなければ「答え」にはなりません。そこにある物語をどう見るか、どう判断するかによって、答えにもなり意味のないお話にもなるということで、それ以上でも以下でもありません。

この見方は、しかし、教派主義とは全く相容れません。教派主義は、その教え（物語）が、唯一絶対の真理であり、他の教えは、真理の一部を見出したか、間違っているか、単なる無知か、妄想か、いずれにせよ「救い」の道ではないと断じます。つまり自分の教派の排他的な優越性を確信し、人々にそれを訴え、信者も間違いなくそうした「確固たる信念」のもとに行動しています。

ここに問題がいくつかあります。人はどのように何かを「真理」と確信するのでしょうか？　さらに、人が「これが真理だ！」と確信した時、そもそも何をもって真理を真理と判断しているのでしょう？　つまり「真理を真理としているのは、何を基準にしているのか？」「真理を真理としている指標とは何か？」という問題です。ほとんどの場合、こうした問いは放置されたままで、問われずに通り過ぎています。

宗教であれ、イデオロギーであれ、荒唐無稽な陰謀理論であれ、果ては詐欺の「うまい話」であれ、何らかの「真理への確信」がないと物事を信じるのは難しいものです。人間は、驚くほどナイーブに「信じやすい」と同時に「かたくなに信じる」という驚愕的な頑固さの両方をあわせもっています。つまり「信じること」は、信じがたいほどの「ナイーブさ」とお手上げ状態の「頑固さ」という両側面を持っています。

とんでもない男（あるいは女）にちょっとしたきっかけで惚れこんでその人を信じ込み、引き離そうとすればするほどのめり込んでいくという恐ろしいほどのナイーブさを人はもっています。では、物事を意のままに信じられるかというと、それほど簡単ではありません。たとえば「あなたのとなりに座っている女性、その人があなたのお母さんだと信じてください。100万円あげますから」と言われても、そう簡単に信じられるものではありません。その一方で荒唐無稽の物語を恐ろしく簡単に信じてしまうナイーブさも持っています。

宗教信仰すなわち「信じること」に関しては、洗脳理論（学問的には死語ですが）などがいう外からの刷り込みという視点ではなく、宗教というものが人間にもたらしているもの、信仰に魅力を感じる理由、そしてそこにとどまろうとするわけなど、人間の内面的、内発的な要因を見ていかないと説明できません。宗教とは何であり、どうそれに向き合うかという問いなどと向き合う必要があるのです。

信仰は、すべての価値の源泉か？

私たちは、多様な価値観であふれる世界に住んでいます。いろいろな価値観の人がいて、お互いに共存しています。しかし、その価値観の違いにかかわらず、相手を人間として尊重し、人間として固有の価値をもった個人として尊重する心には変わりはなく、その姿勢は「相手の信仰にかかわらず」変わりありません。信仰をもっていようがいまいが、どんな信仰をもっていようが、人として尊重するということです。

この点に関してフランクルの見方ははっきりしています。人間個人の価値は、その人が何を信じようと信じまいと、さらに、どのような状況にあろうと変わりません。精神科医であったフランクルは、精神疾患を抱えながら生涯を送らねばならない多くの人と対してきました。彼の一貫した姿勢は、人間の人生の価値は、どんなに心の病を持とうとも、たとえその人自身の心が折れて自分の人生にあきらめの気持ちをもったとしても、誰も否定できない絶対的なものであるというものです。

人間は生まれながらにいろいろなものを背負って生まれてきます。そればかりか、なぜ自分が生まれたのかという存在そのものへの問いに明確な答えはありません。ほかならぬ自分が、こうして特定の条件と在り方、親と環境、そして「この世に生まれたという存在の事実そのもの」があり、それにどう向き合うかという問いは、各自の生の根源に横たわっています。その生の事実が過酷であればあるほど、問いは先鋭化して、生きることそのものに突き刺さってきます。あまりに苦しければ、生を絶とうという思惟すら浮かぶでしょう。「なぜ、私は生き続けなければいけないのか？もう終わりにしては…」と。

フランクルは、自分がナチの強制収容所に収監される以前に、精神科医として何千という自殺傾向のある女性を助けてきた経緯があります。

人間の存在におけるもっとも基本的な事実は、意味の問い、生きる意味、存在の意味の問いの先行性です。つまり、生きること、存在そのものに意味があり、価値があるということ。そして人生の課題は、その意味を現象化して、実現し、あらわにしていくということです。このことがあって、あらゆる人間の行動と事象、営みに意味が現れていきます。多くの信仰者は、自分の信じる宗教信仰によって、はじめて人生に意味があるようになると信じていますが、フランクルの視点は、その逆です。一人一人の人生に意味があり、その存在そのものが意味として「ある」ということで、宗教に意味があるのは、この事実をもとに成立しているということです。

フランクルは、人生に対する宗教信仰の肯定的な価値を認めています。しかし、個人の価値、一人一人の人生の意味と価値は、信仰以前にあり、信仰とは独立して存在しています。宗教は、この前提の上に立ち、宗教信仰は、そこに一つの物語を提供し、一つの解釈を提供し、いわば意味を仕上げるために助けになるということにほかなりません。そして、どの宗教を選んだり選ばなかったりという選択も、その宗教の妥当性を判断するのも、意味を手掛かりにしています。

重要なことは、人間の価値は、宗教信仰以前にあるために、その視点によって、信じている宗教の道義性、道徳性、正しさをチェックすることができるという点です。この点が、教派信仰と全く異なる点です。

教派信仰においては、全ての価値、人間の意味と価値、何が善であり何が悪なのか、人がしてはならないこと、人間として超えてはならない道義的な一線、こうした価値のすべてが信仰の中に取り込まれ、信仰から導き出されています。そのため、その教派の信仰を否定した場合、その否定は、単に「その教派の教義や信仰の否定」ではなく、人間的な価値のすべての否定を意味します。教義の枠の中において、その信仰に基づいて人間の価値や意味、正義、善悪のすべて、愛も平和も正義も、考えられる価値のすべてがどういうものかが決められていて、その価値が信仰を絶対的な前提として成り立たせており、その特定の信仰を離れた善悪も、正義も、愛も存在しません。

いうなれば、信仰によって、価値が一義的に規定され、信仰が価値の前提となり、価値が適応される限界線となっているということです。そのため、その教派の信仰を否定することは、人間的価値の全体を否定したとみなされます。少なくとも信者はそう見ます。そのため、信者にとって、その教派の信仰を否定、批判する者は、人間的価値そのものを否定したものと映ります。教派信仰は、人間の価値を、宗教の物語に取り込むことによって「信仰から独立した価値は存在しない」と考えるため、そのことによって、宗教の道義性をチェックする基準が喪失します。たとえどのような非道な事をしても、それをチェックする基準がなくなるということです。

たとえば、坂本弁護士一家殺人に際し、オウム真理教は「これ以上悪行を積ませないようにあの世に送る」という論理をつかって殺人を正当化しました。教団の教義から独立した価値基準がなくなると、信仰の価値基準がすべての判断を支配します。教義信仰の多くが死後の世界を描き、そこに価値の重心を置いているため、一方にあるのは永遠の世界、この世は単なる一時的な世界となります。しかも、その永遠の世界は、教義の説く神がいる世界です。そうなると、あの世は圧倒的な比重をもち、現実世界の善悪、価値を超えるようになります。

教派主義的信仰は「その信仰のみが、唯一絶対の真理であり、他の信仰は誤り、妄想、部分的な真理だ」と確信しています。更に、その信仰をもっている人間は「選ばれた」「幸運な」「目覚めた」人間だという確信に立っています。

教派的信仰は、愛、善、真理、平和など、あらゆる普遍的な価値を訴えていますが、その価値自体は誰もが共感できるものです。しかし、問題は、その価値が教派の占有物として、教派の信仰に組み込まれている点にあります。更に、その信仰が一神教の場合、価値の源泉としての神も「教派が解釈する限りでの神」となっています。どの教派も自分たちが信じる神は普遍的で、教派を超えたもの、教派の宗教権威者をその神を代弁するもの、メッセンジャーだと信じています。

教派性があるものを、教派性がないものと確信すること、ここに教派主義の盲目性があります。フランクルは、人間の理解がパースペクティブ性（視点）を必然的に持ち、それゆえにどんなにその視点の限界を否定しようとも、視点の限界を超える思惟や理解は存在しないと見ています。視点の限界を否定することが、教派の普遍性を訴えるひとつの手立てとなっているのです。つまり、教派の教派性の自覚がない事、その限界を否定することは、その宗教を暴走させる一因となり得るということです。

フランクルにとって、神は、教派的信仰を「超えた」ところにあり、各個人が追求するものとしてあります。それゆえに、神がどういうものであるかは一つの物語に限定されるのではなく、その人が自分の人生の文脈に取り入れたものとして存在します。究極的な存在は、神であるかもしれないし、良心であるかもしれず、また人類かもしれません。フランクルの宗教観は、後に詳述します。

人間の価値もまた、教派的信仰に組み込まれているわけではなく、教派主義がどう規定しようと信仰以前の所にあります。それゆえに、教派的信仰の非道義的な行為に対して、それを批判し正す根拠や基準になりうるわけです。教派的信仰が、神も人間も、完全に自派の信仰の中に取り込み、その外側に独立して存在する人間の価値を排除した時、その教派の信仰とその実践の道義性をチェックする基準と根拠が失われてしまいます。そして、その喪失は、信仰が暴走するのを止める歯止めがなくなることを意味しています。

意識下で働く権力意志

教派主義において、権力意志は前面、前景にあらわれてはいません。そこに宗教的信仰に基づく教派主義の謎を解く鍵があるようです。つまり、宗教的献身、価値へのコミットメントが、自らのグループへの価値とは真逆の行動、つまり冷淡な態度から攻撃に至る行動をもたらすという逆説です。

これは、宗教だけでなく、紅衛兵による知識人のつるし上げ、赤軍派の同じメンバーへの「総括」という粛清など、イデオロギー全般に当てはまります。宗教においては、意識の前面に掲げられているのは愛であり、平和であり、正義であり、そこには誰もが賛同するような普遍的な価値が掲げられています。信者は、その前景に掲げられた価値に納得し、その実現のためにと信じて行動をおこします。つまり「愛の実践、正義の実現、平和の達成」のために、たとえば自分の教派の権威者を否定する者、分派や反対者への容赦ない攻撃を加えます。あるいは、自分の信じる信仰への献身から、その価値の実現のために家庭を財政的な危機に陥れることもあり、家族の反対や訴えに対しても、価値への献身とコミットメントで乗り切ろうとします。残酷ともいえる行動が、愛のゆえに行われるという逆説です。

ここに意識上の前景と無意識に働いている背景の二重性があるようです。意識は、前景にのぼっている普遍的な価値観の上で動いていますが、その意識の全体が、背景となっている権力意志により方向づけられているという懸念です。そして、その意識下の「力を価値基準としている」という事実は、意識にはのぼらず「善をなしている。愛を実践している」と意識では思いながら、その意識全体が、意識下の権力意志を基盤とした価値観に、知らぬ間に方向付けられているという事態です。

権力意志は、必然的に人間を手段に変えます。例えば、人間を資金調達の手段としたり、教派拡大の手段としたり、権威の確立のための引き締めに使ったりと用途は多様です。信者は、しかし「あなたの救いのために」「あなたが天国に行くために」と信じて疑わず、家庭を財政破綻においやる献金の場合も、それによって「あなたが天国に行くために」と信じて疑いません。

教義上は「人間を単なる手段とする」ことなど全くありません。あくまでも、一人一人の人間を目的とし「その人のために」という利他的な行為だとされています。信者の意識の上では、その「利他性」は疑いの余地もないのですが、その行為そのものは非人道的この上ないことがあります。そこには、人間の意識そのものを方向付ける権力意志の作用があり、いうなれば権力意志は、価値の言葉を語りながら、愛と平和、正義の暖かい言葉を語りながら、その力をふるうといえるでしょう。

ちょうど一人の人間が肉体があるために経済を必要とし、生き成長し行動する力を必要とするように、組織もまた力を必要とします。組織において権力意志が、いつの間にか支配的な動力になってゆくと、価値を掲げている意識の前景を支配するようになります。意識の前景にとらわれいる人間には、その背後からの力、権力意志の歩み寄りは気づかないことが多々あります。教派主義というものは、価値という美しい衣をまとった権力意志なのかもしれません。

では、どうして「権力意志が価値を方向付ける」という権力意志による価値の支配が起こるのでしょうか？　どうして、逆に「価値が、権力意志を方向付ける」ようにならないのでしょうか？この問題を解くには、価値の基盤をどこに置くかという問題を問わねばなりません。宗教信仰に特有の理論的問題をいくつか掲げて、その理由を探ってみたいと思いますが、ここではその足掛かりをいくつか取り上げることにとどめます。

1-3　信仰におけるいくつかの理論的な問い

価値の基準の独立性に関する問い

信仰者にとって、ひとつの重要な問いは、自分が信じていることが「正しい」という確信と信じる神との関わりの問いです。

プラトンは、『エウテュプロン』の中で、こういう問いを投げかけています。「敬虔なことは、それが敬虔であるから神々に愛されるのか、それとも神々に愛されるから敬虔であるのか?」（10a―プラトン、アリストテレス、カントなどの著作にはページとセクションごとに標準的な番号付けがされていて、どの訳を使っても原本のどこをさすのかわかるようになっています）別の言い方をすると、ある行為が「正しい」と確信していたとして、信仰者の観点からは、それが「神の願いである」と確信していたとします。問題は、それが「正しいから、神の願いといえる」のか、それとも「神の願いであるから正しい」のかという点です。「正しいから、神の願いといえる」という考えには「その行為が正しい」ことがまず成り立っていて、善悪の価値基準は「神の意志が何か」という議論とは独立して存在します。一方「神の願いであるから正しい」という考えは、神の意志そのものが善悪を決めるという立場をあらわしていて、これは神の命令説（Divine Command Theory）といわれています。

神の命令説の問題点は明らかです。「神の意志、神の願いが善悪を決める」となると、殺人、暴力、詐欺など、あらゆる行為が制限なく「善」となり、正当化され、それが危険極まりないことは誰でもわかります。

しかし、問題の核心はもうひとつ別のところにあります。宗教教義では、明らかに善悪の基準、愛や平和などの普遍的な価値がアピールされています。信者は「神の意志、神の願い」云々という前に、その価値の正しさを受け入れ、同時に、その価値や理想が「神の願いである」という形で説かれるため、その価値は神の「意志」と同一化されます。「神の意志や願い」は「確かめようのない事柄」なので、価値への確信は「神の意志、願い」への信仰にスライドされます。

ここに第一の転換があります。教えの正しさ、愛や平和の価値への確信が、目に見えず、確かめようのない「神の願い、神の意志」への確信に移行すると、今度は「神の意志、神の願いであれば、それが何であれ、正しい」という神の命令説への転換が起こります。つまり、信者の意識の上では、あくまで価値や理想の独立性を確信していたとしても、無意識のうちに「神の意志、願いが、物事の善悪の基準となる」という「神の命令説」への転換が起こりえます。しかし、もしも「神の命令、願い、意志」なるものが、明らかに非人道的な事だった場合、心の中に、矛盾による葛藤は生じないのでしょうか？　これは、なぜ愛を説き、信じながら、非道な事ができるのかという問いに直結しています。

意識上は、価値の独立性を信じています。これにより「自分は、信仰におかしなところがあればすぐにそれに気づき、決して非道なことはしない」という確信を生みます。つまり、信仰とは別に、自分は、信仰をチェックできる「理性的な人間である」という意識がありますが、その価値そのものが「神の願いや意志」と同一化されることにより「神の願いこそが、善悪の基準である」という教説への移行がなされる可能性があります。

また、教義そのものの中に、信仰の優位性を促し「神の意志」の絶対性を確保する教えが含まれている場合もあります。二つだけ取り上げますが、第一に、聖書の中に描かれた信仰には、信仰の絶対的優位が物語として繰り返し語られています。第二に、信仰主義（Fideism）として知られる立場があります。これは「信仰によってしか知ることのできない真理がある」という考えで、理性によってチェックすることができない領域を確保し、結果的に「信仰の優位性」を支えることになる信仰を防備する考えです。「信仰が理性に優先する」、信仰そのものが「理性を超えたもの」という形で主張されもします。これらの点をもう少し説明します。

聖書に描かれた「信仰」の優位

聖書の解釈については、それを絶対的な「神の啓示」だとみる立場から、イスラエル民族に都合のよいようにつくられた「創作」であるという立場まで、様々なバリエーションがあります。聖書は、他の聖典と同様に、歴史的な事実をそのまま述べたものではありません（もちろん、一字一句事実を記述したものだと信じている人もいますが）。信仰のメッセージを伝えるために、何かの出来事に重ねて「だからこうしなさい。こう行動すべきである」というメッセージを伝える物語だと私は解釈しています。

旧約聖書で、信仰の優位を伝える一番有名なものは、アブラハムが、自分の子イサクをささげる物語（創世記22章）です。アブラハムは、年老いてから授かった自分の子イサクを、神から祭壇に捧げものとしてささげる（殺す）ように命じられます。アブラハムは、神に「信仰によって」従うことを決意し、その子を殺そうとします。すると神は、アブラハムの信仰を見て、藪の中にいる子羊を示し代わりに捧げるよう告げ、アブラハムはイサクを殺さないで済んだ、という話です。アブラハムの信仰をテストする物語として知られ、その信仰の故に、アブラハムは「信仰の祖」として神から祝福を受けるという話ですが、デンマークの哲学者キルケゴール（1813-1855）は、『恐れとおののき』の中で、その物語についていろいろ考察しています。

普通の視点でみると、この物語は「自分の子を殺す」という尊属殺人を「信仰のゆえに」決意することが賞賛されているものです。信仰というものが、理性的な判断や、道徳的な感性を遮断し、それを「超える」こととして規定されており、よく考えれば「尊属殺人が要求され、それを決意した男が賞賛される」という恐ろしい話です。

また聖書には、神が、アブラハムとその子孫にエジプトの川からユーフラテスの川までの地を「与える」という「約束」が記されています。その約束は「カナンの地」をイスラエル民族（「イスラエル」は「勝利者」という意味で、アブラハムの孫であるヤコブに与えられたものであり、ヤコブから始まります）に、彼らが住む地として「与える」という「神の言葉」です。しかし、その地には、既に諸部族の先住民が住んでいます。まともに考えると、これは有り得ない、この上ない身勝手で乱暴な論理です。自分の信じている信仰の神が、他の人が住んでいる土地を自分たちに与えた。だからその土地は自分のものだという論理です。しかも、その「神」は、イスラエル民族に、カナンの地に住む先住民を、男も女も子供も、すべて殺すことを命じています。いくつもの部族の完全絶滅を「神の言葉」「神の命令」として、聖書は記しています。そして、その理由として、彼らの偶像崇拝などの信仰が、イスラエルの信仰に害があることがあげられています。これは、イスラエル民族が、その先住民の信仰に影響されて、イスラエル民族のもつ「信仰の純粋性」を「汚す」可能性があるから、先住民諸部族は絶滅すべしと、神が女子供を含めた先住民全員の虐殺を命じるという物語です。「民族浄化」ということで、逆に、ヒトラーのユダヤ人絶滅を想起する人もあるかもしれません。ユダヤ教徒、キリスト教が聖典としてあがめる旧約聖書（ヘブル聖書）には、ある意味で恐ろしい思想が教えられています。

旧約聖書には、繰り返し繰り返し信仰の「純粋性」ということが強調され、それが異教の習慣の徹底的な排除とイスラエル民族の神への絶対的な服従という形で述べられています。そして、そこでの「信仰の優位性」は、二重の意味を含んでいます。

第一に「信じること」が理性的、合理的、道義的判断を遮断し、全ての判断の基盤となること。神が善悪の究極的な根拠であり基準であるから、その神の命令を「信じること」は、その他のあらゆる善悪の判断に優先する。つまり、善の究極的、絶対的根拠である神の命令を「信じること」「従うこと」が、他の善悪の判断に優先し、その行動を「正当化」し「善なる行為」にする、ということです。

第二に、旧約聖書で語られる神も、信仰も、そのグループに特化した、グループ特定の「信仰」であり「神」です。旧約聖書でいえば、そこに語られる神は、徹底して「イスラエルの神」であり、信仰の「純粋性」とは、その神への絶対的な服従であり、他の信仰への逸脱の阻止です。つまり、ここでは「自分のグループの神」への「信仰の優位性、優越性」があります。

自分達が他の民族部族から攻撃されたわけでもありません。自分のグループの信仰の優位性、優越性がもとになって、一方的に先住民の土地を自分の土地だと宣言し、その根拠は「自分の神が、自分達にそう約束した」というわけです。そして、自分たちの信仰の「純粋性」を保つために他の民族の絶滅をはかり、これもまた「自分達の神がそう命じたから」という、こうした思想が語られているのが、熱心な信者が、理性を超えた「神の啓示」と確信している旧約聖書の物語です。

ユダヤ教、キリスト教系の宗教の教派主義の排他性、選民意識、優越性は、独立して単独に存在するのではなく、こうした背景の思想とつながっています。ここには、人間の価値と人生の意味をすべての営みの前提として尊重するフランクルの思想と真逆の思想があります。

ヒトラーのユダヤ民族絶滅という民族浄化の思想は、誰もが非難します。しかし、信仰の「純粋性」のための異教徒の浄化（絶滅）と、それは何が違うのでしょうか？　価値を一元化した教派主義の思想は、非人道的な行為をとどめる何の歯止めもないという点で危険性をはらんだ思想です。

信仰による価値と信仰によらない価値

人間は、ふつうは複数の価値観を同時にもっています。何かの宗教を信仰していたとしても、人間としてして良いことと悪いことを感じる感性を持っており、それがあるからこそ、宗教における偽善、腐敗、虐待、非道な行為のチェックが可能になります。

人を愛すること、人を尊重すること、人間の尊厳を守ること、それは、その人が持っている信仰、何を信じているかということとは無関係です。たとえ精神が病に侵されていても、狂気の淵に沈んでいても、何も信じていなくても、その人の人間としての価値、人間としての尊厳は不滅であり、不動です。それは、人間こそが目的であり、人間を単なる手段、道具と化すこと、物とすること（物象化）を禁止することを意味し、人間の尊厳が、信仰とは独立しているからこそ、信仰によってそれが犯されたとき、人間はその行為の非道さに「気づき」、信仰を批判する視点が生まれます。

しかし「信仰の優位」で語られているのは、全ての価値を信仰に一元化し、その信仰以外の価値を否定する物語です。そこには、信仰を離れた、信仰とは独立した価値は存在しません。自分のグループが信じる信仰が、唯一の価値の根拠であり、そこを離れた価値は存在しない、という主張です。「信仰とは独立した価値」という視点の喪失は、信仰の逸脱、暴走、偽善をチェックする機能の喪失を意味し、しかも、先に述べた聖書の物語は「神の命令への絶対的な従順」を命じ、それ以外の観点、疑問、論議の排除と停止命令です。言い換えれば「考えるな!」「問うな!」という命令です。

フランクルの言うように信仰とは独立した、信仰とは無関係な人間の尊厳があるからこそ、人間の道義的な感情が働くことができます。どんなに素晴らしい信仰を持っていたとしても、人間が複数の視点、複数の価値観を失い、とくに、信仰から独立した人間の尊厳へのまなざしが失われると、人間の感情、苦しみへの共感力そのものが失われます。愛を語りながら、その愛が育つ土壌である「人間の尊厳性」への視点が失われるために、現実には、愛とはほど遠い、共感力の欠如した人格が生まれることになります。

いいかえると「信じること」に価値の基盤がおかれることにより、愛の教説が観念的なものとなり、スローガン化、イデオロギー化がおこります。そうなると愛をスローガンとして語るだけの機械のような、人格の欠如した信者と教会指導者が満ちあふれることは避けられません。信仰者の意識をみると、その現実とはうらはらに「自分は愛に満ち、正義に立ち、自己犠牲を顧みない立派な人格に向かって生きている」という意識を持っています。意識上の「自分は愛に満ちた人間である」という自覚と、実際には「共感力の欠如した」非情で非道な行為をするという矛盾、分裂から、信仰者本人には全くその自覚がないまま偽善的人格が生まれ、それを推奨する組織には偽善的文化が生まれます。

「愛を語りながら、愛が育たない」という矛盾と、その矛盾に気づかないという無自覚は、二重の意味で皮肉な事実です。こうした矛盾を避けるには、その人がどんな信仰を持とうと持つまいと、自分の信仰にどのような態度をもとうとも、全く信仰とは無関係に、人間の人格への絶対的な尊厳への敬意を払うという視点が不可欠です。

教義宗教の問題点は、信仰と独立した人間の尊厳という価値を切り捨て、自分の信仰にすべての価値を一元化したことにあるといえましょう。その結果、スローガンとしての愛をひたすら「信じて語る」ことに特化し、愛が育つ基盤を失った偽善的人格と偽善的文化が生まれざるを得ないという皮肉な事態がもたらされます。まったく、自覚もないままに。

信仰主義（Fideism）

信仰というものは、多かれ少なかれ「これは真理だ！」という「真理の確信」の上に成り立っています。「信じる」ことに関しては、人はおどろくほどナイーブであると同時に、この上なく「頑固で信じたことを変えにくい」という二重性を持っています。

宗教信仰において、どのように本人が確信を持っていたとしても、その信じている内容が「真理か否か」ということとは、全く別の問題です。歴史的には、カトリック教会が真理を確定する権威をもっていたのがヨーロッパ中世ですが、それに対し、近代哲学は、人間の理性と経験を真理確定の新たな権威として提起し、近代科学の正当性を援護していきました。私たちは、それが「真理かどうか」確定するために、諸科学の知を用いたり、科学が確定できない事柄にも、自分の理性や経験を用いて判断します。

信仰主義は、科学の知に対して宗教の領域を確保しようとする試みであると同時に、宗教信仰に人が踏み込めない「聖域」を設けることを意味します。その結果、道義的な視点が入り込めない超法規的な領域をつくることにもなります。その意味でこの問題は注意深く考察する必要があります。

問題は、理性や通常の経験、科学的な探求方法では明らかにされないが「信仰でしかわからない真理があるのか」ということです。信仰主義（Fideism）というのは「信仰と理性」というテーマの中で論じられることが多く、その場合は「理性によらず、信仰によってのみ明らかにされる真理がある」という立場をいいます。果たして信仰でしかわからない真理があるのでしょうか？

何が真理を真理とするのか？

この問題は、真理をどう定義するか、真理とは何かという問題を提起します。私たちが何かを「真理である」と判断する時に、何をもってそれを「真理である」と判断しているのでしょうか？　つまり、真理を真理とする基準、条件とは一体何なんでしょうか？

大まかにいえば四つの基準があります。一、(考えや主張)と(事態・事実)の一致(correspondence theory of truth　対応説)、二、主張の論理的な一貫性（coherence theory of truth)、三、実質的な効果（practical/pragmatic values/effects)、四、そして実存的な経験（existential/transformative experience）です。どの基準も単独では不完全で、真理の判断はこの四つを組み合わせて総合的に判断せざるを得ません。

真理の対応説は「言ったこと、思ったことが本当かどうか、事実を見て確かめる」ということで、日常的によく使います。庭に来た動物がキツネだと思ったけど、よく見て確かめたらネコだったというようなことです。しかし「事実」「実際の事態」というものは、確かめようがない場合も多く、こと宗教の扱う死後の世界、神となると確かめようがありません。

論理的な一貫性は「お前の言っていることは矛盾しているよ」などと物事の道理を判断する時に

よく使います。裁判では、証言が矛盾しているかどうかがよく問われます。しかし、なんとなく論理的一貫性があって、それで人を引き付ける陰謀理論などの怪しげな理論もあります。陰謀論の場合、宗教的な秘密を知ったような興奮を与えてグループをつくるという疑似宗教的な要素がありま す。都合の良いデータだけ集めて、それなりに論理的に整合性のある理論を組み立てることはいくらでもできるので、論理的整合性だけでは真理の基準としては不完全です。

では実質的な効果はどうでしょう？　その人が宗教信仰を通して、実際にどういう人となったのか、そしてまわりの人々や他の人々に何をどうしたのか、その実質的な実りや影響は、宗教の良し悪しをはかる重要な基準です。私は、宗教に関してはこれが最も重要な基準だと思っています。その人が何を信じているかではなく、その人そのものとその人の行動、人々や社会にもたらしたものによって、その信仰の真実、真理をみる、という視点です。しかし、実質的な効果だけでは、信仰の中身は全くわかりません。真理の指標にはなりますが、それだけでは不十分です。

では、宗教経験はどうでしょうか？　多くの人は、経験を通してその宗教を判断することが多いのは事実です。「神の愛を感じました」「宇宙との一体感を感じました」「真言を唱えながら、神秘的な力が自分の中から湧き上がってくるのを体験しました」等々、経験は、その信仰の真理性の指標として確信の土台となっています。宗教では、実存的な体験も含めて経験が確信の土台となることが多々あります。

経験というものは、解釈や思い込みがその意味の決め手となるので、真理の指標としては独立性を欠いていて不十分です。経験の問題を含めて、真理の問題をもう少しみてみましょう。

宗教経験にまつわる疑問

私たちは、真理を明らかにしようとしたとき、諸科学に向かうことが多いのが事実です。完全ではないにしても多少は検証され、チェックされた知に信頼を置くからです。「迷信より科学」は、現代の真理解明における平均的な態度ですが、では、詩や芸術には、それでしかあらわすことのできない真理があるのでしょうか？　詩や芸術は、理性や科学的な手続きでは説明しえない真理を、描写することはないでしょうか？　ちなみにハイデッガーの流れをくむガダマーは『真理と方法』で、芸術と歴史におけるその固有の真理の在り方について詳細に論じており、真理の現象は明らかに多様な形態をもっています。詩、芸術、歴史、宗教などにおいて、たとえば論理的な整合性などは真理の主要な指標とはなりません。

たとえば禅の公案は、あえて論理的に矛盾する問いを設定し、理性によらない真理への通路を開く試みです。科学における言明が検証可能であるのは、経験が反復可能であるからです。それに対し、宗教における経験は、その時、その人に起こった事柄であり、反復も不能です。たとえば空海が、室戸岬の洞くつで、修行の最中に「明星が口に入ってきた」という神秘体験は、空海にとって「意味がある」ことであっても、他の人には理解不能です。空海にとってそれが悟りの転換になったということを考えれば、そこに宗教的な体験に基づいた何らかの真理体験があったと見ざるをえません。科学が真理を論理的実証的に説明するのに対し、宗教は、詩的言語で真理を描写するともいえます。

実際、道元の『正法眼蔵』は、描写されたことがらの向こう側を見ようとしない限り、書かれた内容の意味の理解は難しいものです。たとえば存在を時間的な動態、出来事としてみる道元は、それを適切に表す言葉がないためにあえて「有時」と表現しています。言語表現の限界の向こう側にある事態をあえて表そうとしたために、論理だけでなく、言語表現の限界を超えた表現をせざるを得ないという事情が、そこに見て取れます。ちょうどハイデガーが、哲学概念を独自の造語で表さざるを得なかったように、詩的表現には、言語を超えた事態をあえて表そうとする、あるいは、詩的言語に託して真理を現象化させるという意図が読み取れます。

信仰者の多くは、何らかの宗教体験をベースにその信仰に真理を見て、その確信を手掛かりにして、教義、組織、信仰共同体、儀式、言語、シンボル等からなる特定の信仰システム全体への信仰を受け入れています。一人一人の宗教体験が、その人の人生にとって意味があるものであれば、それはそれとして尊重すべきだというのがフランクルの視点です。しかし、そこから一気に飛躍して「体験したから、これこそが唯一絶対の真理だ」ということにはならないというのが私の論点です。信者の信仰体験に水を差すようで、こうした問いそのものに「けしからん！信仰への冒涜だ！」と怒り出す信者もいるかと思いますが、経験は経験として尊重したうえで、あえて考えてみたいと思います。

問題は、その「真理体験」なるものが、果たしてその特定の信仰の正しさを確証するものなのかという点にあります。他の宗教でも、同様の体験を得られることが考えられます。たとえば「南無妙法蓮華経」という言葉を繰り返し繰り返しずっと唱えていると、不思議な感覚に陥ります。そのことで、法華経の信者は、それが法華経の真理の証だと考えます。では、その言葉を別の言葉に置き換えた場合、どうでしょう。繰り返して唱えていると、やはり同様の体験をすることができます。しかし、信者は、決してそうは考えず、教派の指導者は、その体験を自分の信仰の正しさの「証し」だと主張するのですが…。

この世には、星の数ほど宗教教派、グループがあり、それぞれのグループにおいて、熱心な信者は、自分の信仰の絶対的な正しさを疑いません。そればかりか、多くのグループが「自分たちの信仰は、他のどの信仰をも凌駕する絶対的な真理である」という排他的真理への確信を持っています。しかも、それぞれが主張する「絶対、唯一の真理」を見ると相互に矛盾していることもあり、相いれない主張を「絶対真理」だ確信しているという、普通ではありえないことが、まかり通っているのが信仰の世界です。宗教体験は、その経験が、その宗教、その教派でしか得られない「特別なもの」としてとらえられがちで、その教派の人達は、その体験こそが、自分達の教えの「正しさの証し、「証明」であると断言します。

フランクルは、宗教だけでなく、心理学、社会学、精神医学等々、複数の学問の視点から現象を検討し、真理の現象を総合的にみていく多次元的な解釈の必要性を指摘しています。それぞれの学問には複数の理論があり、異なった視点から現象を見ています。フランクルは、どの理論もイデオロギー化することなく、複数の視点から現象に迫り、総合的に真理の現象を判断していく多次元的な思考を提示しています。これにつきましては第三章で詳述します。

料理であれば、それぞれのレストランの味をくらべてみることができます。科学の理論であれば、検証追実験することができます。しかし、宗教信仰の場合、いろいろな宗教を経験して比較することも容易ではありません。

ほとんどの人は、たいてい限られた宗教体験しかなく、それもある特定の宗教の中で初めて体験するものです。しかも、宗教経験には終わりがありません。ちょっとした入り口を通ってみると、その先には数えきれない道があり、そこにいる人の「体験」だけでなく、先人の「体験」もあり、誰も踏み込んだことのない未踏の道の入り口も見えます。結果的に宗教経験というものは何年かやってみて「大体こんなところかな」と「落としどころを見極める」ということだと思います。どんなに「偉い人」だといわれても、その人を見ればだいたいその人の中身の察しが付くものです。

しかし、信者は、限られた経験でも、それをその教団の教えの「正しさ」ととらえ、さらにその教団にしかない「唯一絶対の真理」のあかしと解釈する場合が多いのが事実です。経験による真理の確信というものは、真理の判断の基準としては、極めて限定的なものであることを十分理解しておく必要があります。

また経験というものは解釈の枠組み（宗教教義）によって特異化され、解釈の枠組みに依存した意味を表します。経験が、解釈とは独立していないために、経験がその信仰の真偽を決める基準にはなりえないという問題もあります。簡単に言えば、宗教経験は、その教えの意味を確かめるものではありますが、複数の教えを比較し、その真理性をはかる独立した指標にはならないということです。

科学のデータも、実は理論に依存した解釈という面がありますが、宗教の場合は、その解釈の枠組みである教義への依存度が圧倒的に高く、その宗教の特定の物語の中でしか意味を持たないような経験ばかりです。つまり、宗教における経験は、その真偽の確証を与える指標ではなく、その物語を生きて経験することにより、その物語をその人にとって意味あるものにするということに意味があるのだと思います。

また人間の理解というものは、ある一定の視点、パースペクティブからなされるもので、真理は、常に部分的です。科学、芸術、宗教等の分野を問わずこの限定は成り立っています。宗教経験でしか得られない真理があると仮定したとしても、そこから、その真理が「最終的、絶対的、唯一」の真理であるとはいえず、むしろ真理のある側面、ある視点に現れた一面であるとみた方が妥当でしょう。

さらに、宗教による真理体験は無数にあり、いずれの体験も、その人にとっては「意味のある体験」であったことは間違いありません。しかし、その体験が、その教派の主張の全面的な真理性につながると考えるのは行き過ぎで、単なる心理的な情動の変化ということも多々あります。たとえば孤独を感じて暮らしていた人が、宗教の集会に生き、その暖かさに「神の愛を感じた」ということがあります。それは、人との交流で、人の温かさに触れたという体験ではあっても、キリスト教の教会内では「神の愛」となり、法華経を信奉するグループであれば、宇宙の生命に触れたということになるでしょう。体験が、教義の正しさ、その真理性を示す指標にはならないというのはそういう意味です。

しかし宗教信仰と心理的な心の慰めを決定的に分けるのは真理への確信です。心が行き場を失い、どこにも持っていくことができないとき、人は、酒に酔って忘れたり、音楽に心の拠り所を見出したり、友人に心の憂さを吐露したりします。宗教信仰がもたらすものは、そうした心の苦しさに「真理」(ここが問題ですが)によって行き場を与え、生きる方向を指し示すことです。「真理」への確信をてこにして、人は、宗教教義のもつ特定の解釈の枠組み(宗教の教え)を受け入れます。

宗教信仰には実にいろいろなものがあり、現在でも、どこかで新しいものが生まれています。既に述べましたように、人はことのほか単純に「信じてしまう」面と、恐ろしく頑固で「なかなか意のままに信じず」「信じたらてこでも動かない」という二面性を同時にもっています。この問題は最終章でとりあげますが、とくに信仰に「はまる」だけでなく、その内容に関わらず「とらわれた」時、どうしてそこから抜け出るのが難しいのかという問題をあつかいます。

社会心理学や行動経済学の視点から「信じる」こと「思い込み」（認知バイアス）に関する人間の心理についての良い本がたくさん出ており、ノーベル経済学賞を受賞したダニエル・カーネマンの『ファスト&スロー――あなたの意思はどのように決まるか？』、『NOISE 組織はなぜ判断を誤るのか？』などがあります。人間はちょっとしたきっかけで何かを信じてしまい、意識しないままに判断にバイアスが加わることがあります。認知バイアスによる「思い込み」はいたるところにあり心理学的な研究は広範囲にわたる人間の行動を扱い、宗教信仰に言及しているわけではありませんが、宗教信仰にもあてはまると思います。

しかし宗教信仰には、世界観、人生観などの思想面が絡んでおり、真理への確信が介在していま す。そのため心理学の視点だけでは扱いきれず、どうしても世界観の問い、真理とは何か、それにどうかかわるのか、という哲学的な問題に踏み込まざるを得ません。

たとえばかつて赤軍派のリンチ殺人にかかわり、命令されるまま自分の兄弟をリンチ殺人した人がいます。服役後、事件から何十もたった今でも、その行動をどんなに悔いたとしても「なぜ、社会正義のために全面的に身を投じた結果、そうした恐ろしい行為に至ったのか？」という問いが残っていると告白していました。毛沢東思想を信奉した若い紅衛兵の青年は、同様に親族、友人を含む「反動分子」のつるし上げを挙行しました。マルクス主義においても、それを「真理と確信する」ことがコミットメントへの根底にあります。思想は、時に「人の魂を揺さぶり離さない」ことがあります。この問題を扱うには、どうしても「知」の在り方そのもの、そこへの人間のかかわり方、自分のあり方という問題に目を向けざるをえません。

宗教信仰もまた、イデオロギー化して人間の心を魅了し、さらに「捕まえて離さない」こともあります。「はまる」だけでなく「抜け難く」なり、そこには様々な理由があります。自分が真理を確信し、自分にとって意味があると確信しているその特定の宗教信仰が、実は、とんでもないトラップであり、精神を奴隷化する見えない囲いなのかそうではないのか、何をもって判断すればよいのでしょうか？　ピノキオが誘われて入ってしまったプレジャー・アイランドのように、自由でありながら、やがてロバにされてしまう精神の麻薬なのか、そうではないのか、何を手掛かりに判断したらいいのでしょうか？

宗教信仰には素晴らしい面があると同時に危険な面もあります。そうであればこそ、宗教信仰は、複数の視点からよく精査、分析し、よく理解した上で、どう向き合うかを考える必要があると思います。この問題は第四章で検討します。

フランクルの提示した複眼的思考と人生の意味への洞察は、信仰のイデオロギー化を防ぎ、信仰の妥当性をチェックする重要な視点です。価値の一元化、単眼思考はそれだけではイデオロギー化を防げない危険な思考であり、フランクルのような視点が不可欠であると確信しています。

意味から見る宗教信仰

宗教の真理は、それがその人にとってどういう「意味」を持っているかという視点でみることができます。そしてその信仰の真理は、その人の人生にどういう意味をもたらしたのか、そしてその人がまた他の人々の人生に、どういう意味をもたらしたのかという視点です。

誰かが「神の啓示を受ける神秘体験をした」と言ったとしても、それが単なる妄想か、作り話か、夢なのか「宗教体験」なのかは誰にもわかりません。事実、精神病院に行けば「自分はキリストであり、いつも神と対話している」という患者がいます。釈迦の悟りの体験の真理性は、釈迦が、その後の人生において、人々にもたらした苦悩からの救済によって明らかになります。

宗教の教祖は、多くの場合、特異な体験のエピソードを持っていますが、その事実性は誰にも分らず、真偽のほどもわかりません。その真理性は、その体験がその人本人にとって意味があり、その人が、その体験を契機として他の人に有意義なものをもたらしたという実質的、実践的な効果、有意義性によって、その真理性がはかられます。つまり、体験そのものの真実性は、それ自体では決定不能であり「体験」が、有意義なものを生めば「宗教体験」となり、その人と他の人の人生を破壊すれば「妄想」です。

この視点をさらに拡張して、宗教信仰そのものを、それが信仰者の人生にもたらした意味とその人が自身の行動を通して他の人々の人生に与えた意味から見てゆくという視点があります。この視点を「意味からの問い」と呼ぶことにします。信仰内容の真偽は信仰者自身にとっては重要な問題です。ところが、宗教信仰そのものがその真偽を確定できない要素を含んでいて、客観的な確証は不可能です。しかし「意味からの問い」は、どのような信仰にも世界観にもあてはまり、はるかに有効な判断基準です。私は、その人が何を信じているかということよりも、その人がどういう人となり、それが他の人々に何をもたらしたのかという視点で見ることが良いと思っています。

たとえばアフガニスタンで、治水に尽力した中村哲さんやマザー・テレサのなした行動によって、その人の信仰の真理性がわかるのであって、その人の信仰が、家族や周りの人々やその生活を破綻させ、苦境に追い込んでいったすれば、その信仰は何かがおかしいと判断すべきです。

真理や意味の判断には複数の基準があり、それを総合的に判断する必要があり、その人の信仰が「どのように人々の助けになったのか」という実践的な基準は外せません。他の人々にとって、その本人が何を信じているかは、ある意味でどうでもいいことで、大切なのは、その人が「どのような人となり、誰を、どのように助け、どれだけ人のためになったのか」という点に尽きるように思います。

教派主義者は「人のためになる」ことを教派の拡大という教派の視点から見ますが「人のため」ということは、助けられた人、まわりの人が判断する問題です。あえていえば現実的、実質的価値は、信仰には依存せず、教派の視点とも無関係です。信仰者本人にとって、その特定が信仰が助けになったということで、それはそれでいいことですが、それ以上でもそれ以下でもありません。

中村さんの功績の判断は、中村さんの信仰とは無縁のアフガニスタンの人々（基本的にイスラム教徒）がすることです。

フランクルがナチの収容所で経験した人を思いやる行動は、その行為そのものがその人となり、その人の生きざまを語りますが、それを証左するのは底辺にいた囚人です。フランクルは人間の生きざま、生きる意味を原点に据え、そこから宗教を見る視点を与えています。フランクルにとって価値は単に説教するものではなく、あくまで「生きる」ものですから。

家事・子育て・老後まで楽しい家づくり
豊かに暮らす「間取りと収納」

宇津崎せつ子

みなさんが家を建てる、リフォームをする目的は何でしょうか？
「何のために」「誰のために」そして「どうしたいから」家が必要なのでしょうか？
１０組の家族がいれば１０組それぞれ違いますし、ご家族一人ひとりでも家づくりへの思いや考えは違うかもしれません。

でも、それぞれの思いや考えが、家づくりの核になるということは共通。だからこそ、家づくりをはじめる前に、最初に考えることが大切なのです。

それなのにマイホームの完成がゴールになってしまっている方が多くいらっしゃるように思います。本来は、その先の“暮らし”がゴールなんです。設計士や工務店・ハウスメーカーどれであっても、家を建てるプロです。家づくりのプロはたくさんいます。その人たちに頼めばかっこいい家・おしゃれな家はできるでしょう。

でもあなた方ご家族に合った暮らしづくりのプロではないんです。ましてやあなた方の“豊かさ”や“幸せ”が何なのかを、解き明かして導いてくれるプロではありません。（本文より）

建設に携わる両親のもと、幼いころから住宅づくりの環境で育ち、現在一級建築士として働いている著者は、「住育の家」（住む人の幸せを育む家）というコンセプトを掲げる。間取りから家を考えるのではなく、自分や家族の「幸せの価値基準」から家をつくっていく。数々の実例とともに、収納のコツ、風水のポイントなども紹介。（税込1760円、224頁）

生命の謎
ドーキンス『盲目の時計職人』への反論　　中川豪

ドーキンスは、世界で一番有名なダーウィニストだ。…彼は頭が切れることだけでなく、論敵に対して容赦をしないことでも知られている。彼は、ダーウィン進化論を正しく理解しない者を軽蔑しており、そのような者には敵意を隠さない。また、徹底した無神論者であり、宗教は完全な悪だと思っている。…私は、ドーキンスの講演を聴きに行き、本にサインをしてもらい、握手までしてもらったことがある。彼はとてもカッコよく、また彼の本から得られる印象に反して優しそうだったのが印象的だった。ただ、私が創造論者だと言ったら握手してもらえたとは思えないが。

『盲目の時計職人』の論旨は、次のようなものだ。「生命のデザインは自然選択で説明できる。したがって、神などを持ち出す必要はない。」この本に対する評価は高い。…進化論に興味を持って間もなく、私は『盲目の時計職人』を手にした。創造論を論破するというこの本をドキドキしながら読んだことを覚えている。だが、読後、私は拍子抜けしてしまった。『盲目の時計職人』は最も主要な論点において明白に間違っていたからだ。私は不思議に思った。「なぜこの本がこれほど高い評価を受けているのだろう？　この本の明白な間違いに誰も気付かないのだろうか？」そして、私はドーキンスの間違いを示す本を書こうと決めた。…本書は、『盲目の時計職人』を完全に論破し、ダーウィン進化論を根底から否定するものだ。（本文より）

京大で魚類学を専攻、生物が専門の著者が、科学的な観点から進化論に反論。ドーキンスの「生命は自然選択によって発生した」という主張を徹底的に論破する。（税込1760円、300頁）

第二章

人生の意味とは？　フランクルの答え

フランクルは「人生の意味」の問いは人間の存在そのものの問いであり、宗教以前にあるととらえています。では「人生の意味」とは何でしょうか？　この章では、まず宗教をいったん離れて、フランクルの答えをたどります。読者自身が自分の答えを見つけられるように、ロゴセラピーのエクササイズも取り入れてあります。「人生の意味」へのフランクルの答えをたどったあと、フロイトやアドラーとの視点の違い、そして「人生の意味」と「宗教信仰」とのかかわりへのフランクルの見方をみていきます。

2-1　自分の人生にどう向きあうか？

あなたは、自分の人生とどんな会話をしていますか？　毎夜、毎朝、時を問わず。

「必ず、なんかいいことあるさ…」

こう自分に言い聞かせ、人生に何かいいことを期待して生きていますか？　おそらく、無意識のうちに、心のどこかで無言の会話を交わしながら、日々の急務をこなしているに違いありません。

人生論について調べても、どのブログをみても「人生に期待し、希望を信じて生きなさい。きっといいことがあるから」と、その態度を問うこともなく皆言葉を交わしています。「希望」がないと明日を生きることは難しいのですから、その点で、その態度や言葉はうなずけます。

しかし、フランクルは、その態度に根本的なずれがあると指摘します。そのずれのひとつは、自分が人生に期待するのではなく、自分の人生そのものが、自分に「答えるよう」問いを投げかけているることです。もうひとつは、自分が人生に求めるものは、幸福ではなく「意味ある人生」を生きることである、という点です。

自分が自分の人生に問いを投げかけるのではなく、自分自身が「自分の人生から問われている者である」という、問いの矛先、問いの方向の転換です。人生への期待の矛先、方向が、実は自分自身に向かっているということです。もう一つは、人生において問うべきこと、求むべきことは、幸福ではなく「意味」であるという、問いの焦点の転換です。

この二点を転換することによって、自分の人生に向きあう態度がととのいます。むろん、それがすべてではありませんが、無言のまま誰もが前提とし疑うこともない人生への向き合い方を、根本的に変えることをフランクルは求めています。

自分の人生が、自分に問いを投げかけている

何か「人生によりかかり、期待している」という生き方、その態度は、人生を船にたとえれば、舵から手を離すことに似ています。かじ取り手のない船は、世間という波間をゆらゆらと漂ってゆくばかりで、強風や高波続きの人生航路の舵取りを放棄するに等しいのです。あてのない期待をし

ながら、気が付いたらもう手遅れで、人生あらかた終わっていたということも、現実には多いものです。「あなたの人生」という船は、潮と風まかせの舵取りのいない幽霊船なのか、それともあなた自身がその舵を握っているのか、どちらですか？

人生の舵をゆだねられた自分が、その舵を握りしめることが、人生に向き合う第一歩だということです。フランクルは言います。「究極的には、人は人生の意味は何かと問うべきではなく、むしろ、自分自身が問われている者であることに気づかなければならない。いいかえれば、人は一人一人自分の人生から問われている。自分の人生に責任をもって応答すること、これが人がなし得ることである」（フランクル、2005，109ページ）

しかし「自分の人生」という船の舵を持てといわれても、海路もなく、自分がいる場所もわからず、果ては行く先もわからなければ、コンパスもないということもあります。誰に尋ねても「自分はこうやってみたけど…」という答えにならない答が返ってくるばかりです。では、どうすればいいのでしょうか？

この問いに踏み込む前に、幸福の問題を、もう一度考えてみましょう。

人生に求めるものは意味であり、幸福ではない

「人生は、幸福を求めるもの」ということは、誰も疑うことのない前提となっています。人は、

日常的に、落ち込んでいる人には「なんかいいことがあるさ、きっとね」という慰めの言葉をかけたり「信じたことは必ず実現する！」と説くおまじないのような本もあり、書店のハウツーコーナーは、幸福実現の本であふれかえっています。心理学、宗教、占い、それがまぜこぜになったハウツー本等々、百花繚乱で、幸せ本の氾濫というこの現実は、人生をどう生きるか（困難をどうこえるか）という問いへの手掛かりを誰もが求めているということと、それにもかかわらず、どこにも確実な「答え」がないからあふれている、と見ることもできます。

人生の問題における難しさは、そもそも何を問いの中心におくかという問いの焦点と、それにどう向き合ったらいいのかというアプローチの方法がわからないという点があります。

誰も不幸を願うものはいないし、幸せを求めることは、当然です。問題は、幸せというものは、直接に求めて得られるようなものであるのか、それとも、意味ある人生を目指し、その結果として幸せが得られるのか、という点です。フランクルは、幸福を求めることは、それ自体としては、当然であるが、人生に向か合う姿勢、その焦点の置き方、視点のフォーカスにずれがあると指摘します。

人生には、思いがけない禍福、状況の転換、悲劇的なことなど避けがたいことが多くあります。フランクルでいえば、自分がユダヤ人であったこと、ヨーロッパがナチに制覇され、家族も友人も含むユダヤ人というユダヤ人が殺害されたことなどがあり、その現実は、どんなことをしても「幸福」とは成り得ません。それを無理やり「幸福と受けとる」ことは不可能で、それは不幸以外の何物でもありません。しかも、その状況は、個人の選択を超えた国家、歴史のうねりで、人生は、自分一人の努力では、どうにもならないことが多々あります。ナチの収容所の中で、囚人に向かって、幸不幸は自分のとらえ方、人生への向き合い方、心理的な態度によるもので、それを「幸福と感じましょう」ということ自体馬鹿げていますし、そういう人もいません。

ナチスの強制収容所の中で、死、暴力、飢餓、重労働の真っただ中にいる人に、幸福論を説くことはおそらく無意味でしょう。しかし、そのようなあらゆる自由を奪われた中においても、自分の人生がいつ切断されるかわからない地獄の現実の中でも、意味のある行為、意味のある生き方はできます。つまり、幸不幸は、自分自身ではどうすることもできない面があるのに対し、意味ある生き方は、自分自身でできるという点です。悲劇的な不運の真っただ中においても、意味ある生き方はできるということです。つまり、意味ある苦労、苦悩、悲しみがあり、愛することに意味があるとすれば、悲しみにも意味があると捉えることができるでしょう。

人間が生きる上で、意味ある生き方を目指すことは、自分以外のどのような状況にも左右されないことであり、失敗、不遇、不幸、絶望的な状況の真っただ中でも人間に残された自由です。そして、その自由は、誰も奪うことができません。

一例をあげます。フランクルは『夜と霧』の中で、強制収容所の中での際立った人間の行為を記述しています。善悪の判断基準の失われた世界は、考え得るあらゆる行為が可能な世界で、略奪も暴力も可能であり、その行為の理由を問う者もなく、皆、遠からず死んでゆく世界です。囚人は、生きている者は強制労働に駆り立てられ（弱ったとみなされるとガス室に送られて処刑された）、食事はほとんど満足に与えられず恒常的な飢餓状態にあります。フランクルは、そんな中でも二種類の人間、まともな人とまともでない人（decent man and indecent man）の二種類がいたといいます。それはナチであろうと、ユダヤ人の囚人であろうとを問わずにです。

「これらのすべてから（収容所での人間のふるまいをみるにつけ・筆者注）世界には二種類の人がいることがわかる。二種類のみである。まともな人間（decent man）の種とまともでない人間（indecent man）の種である。両方ともどこにでもいるし、社会のあらゆるグループにいる。どんなグループも、品位ある人だけ、野卑な人だけとはなっていない。その意味で、純粋な種類の人だけのグループは存在しない。それゆえ収容所の看守の中にも、時折、まともな人間を見ることがあった」（2006，86ページ）ここでDecent Manというのは、人間としての品位を保った人間、Indecent Manというのは人間としての品位を欠き、野卑な人間というような意味です。

フランクルはこんな例を記しています。「私は、ある日、一人の監督官（ナチ）が、内緒で自分に一切れのパンをくれたことを覚えている。彼が彼自身の朝食の割り当てからとっておいたものである。私の心をうち、涙せざるを得なかったのは、一切れのパン以上のものによるものだった。その人は、自分に、人間としての「あるもの」をくれた―それは、そのパンと共にあった言葉とまなざしである」（2006，86ページ）。その一方で、ユダヤ人の囚人の中からナチの看守のアシスタントとなった者たち（カポーと呼ばれる）のことも記録しています。

「普通の囚人がほぼ何も食べるものがない一方で、カポーは飢えを経験することはなかった。事実、カポーの多くは、彼らがその生涯で得られる以上のものを得ていた」（2006、3ページ）。しかし、同じユダヤ人の囚人であったカポーは「ナチの看守以上に残忍で、彼ら以上に残虐に囚人を殴った」（2006，3ページ）とフランクルは書いています。ナチの看守以上に残忍であることによって、自分のナチへの忠誠心を示そうとしたのかもしれないし、持ち前の残忍さで、権力意志の快楽に自分を沈めていたのかもしれません。

幸運な出来事や社会的な成功が、人生を意味あるものにするわけでもないし、逆に、不幸な出来事や失敗によって、人生が無意味なものなるわけでもないとフランクルは言います。人生に意味をみいだしたり、逆に意味がなく絶望を感じたりするのは、社会的な成功や失敗、運不運とは、全く別の次元にあることをフランクルは指摘します。つまり、私たちの人生を見つめる視点を「幸福」から「意味ある人生」に転換すること。それは、幸福を望むなという意味ではなく、自分が希求するものを転換することを意味し、その選択の自由は完全に自分にゆだねられているということです。

つまり、自分が何よりも大切にし、責任をもってその舵を握らなければならないのは、他ならない自分の人生だということです。

2-2 意味ある悲しみ

人生には労苦や悲しみはつきもので、何の苦労も悲しみもない人生や世界を求めるという発想そのものが、愛の本質にそぐわない妄想です。愛さずにいれば、悲しみもありません。愛することは、常に心配や、気遣いを伴い、喜びもあれば涙もありますが、人は対処しきれないほどの苦難に遭遇すると、放心し途方に暮れざるをえません。たとえば、愛する人の死は、人を絶望に誘います。しかし、人間は、その悲しみを愛で超え、耐えることができ、それによって、自分の人生は意味あるものに転換します。愛する妻の死によって、人生に絶望し、生きる意味をなくした老医師のエピソードをフランクルは次のように伝えています（2014，90ページ）。

その医師は、長く連れ添った老妻を亡くし「毎日、虚しく、寂しくてしかたがない。何ともやりきれない」とフランクルのもとを訪れました。

フランクル「あなたの苦しみはわかりますが、どうでしょう、こう考えてみては。もしあなたに、自分が先に死ぬか、奥様が先に死ぬかの選択があったとしたら、どちらを選びますか？　あなたが先に死んだ方がいいのか？　それとも、奥様が先に亡くなられた方がいいのか？　どう思われますか？」

医師「いや、家内にこんな寂しい思いをさせることは絶対あってはならない。私が、この孤独を受け止めた方がずっといいと思います」

フランクル「先生、あなたがその悲しみを引き受けることによって、奥さんは、その悲しみを経験せずにすんだんですね？」

老医師は、フランクルに礼を言って、診察室を去りました。

フランクルは「私たちの対話は、その医師が、悲しみの意味に気づくことをうながし、医師は、妻のために自分が犠牲になることの意味に気づきました」と述べています。つまり、悲しみを抱える医師が、その悲しみを「自分の悲しみ」として受け止め、できれば「自分の悲しみをなくしてほしい」と願っていたのに対し、フランクルは、悲しみの向こう側にある、医師の妻への愛情に目覚めさせました。医師は、自分の孤独、悲しみのもっと奥に潜む、妻への思いやり、愛情に目覚め、その愛の力が悲しみの意味を変えました。そこでは、意味のない絶望的な「自分の悲しみ」が、妻への愛情に目覚めることによって、妻を思いやる心、愛による悲しみの引き受けという「意味ある悲しみ」に転換したということです。

何が、どうして、どのように変わったのでしょうか？　このエピソードを踏まえて、意味なき悲しみを意味ある悲しみに変えたものが何か、もう少しフランクルの視点を見ていきましょう。

自分からの脱却（自己超越）

フランクルは、人間の本質を自己超越（self-transcendence）にみており、この自己超越が、人生に意味を見出す鍵であるといいます。人間は、多くの場合、自分にとらわれています。自分の人生への責任を持つ以上、自分に関心をもち、自分の行く末を案じるのは当然ですが、悲しみや苦悩に直面すると、自分に「とらわれる」ことが起こりがちです。むろん悲しいのは自分であって他人ではありません。しかし、悲しみに「落ち込んで」抜け出せなくなることがあります。ことに変更不能の事柄の場合、その事態を覆すことも、やり直すこともできません。たとえば、この医師の場合は妻の死です。死ぬことは、嘆いてもどうしようもないことはわかっていても、悲しみの感情によって、自分への耽溺から抜け出せなくなります。「悲しくて悲しくてしょうがない、何をする気も起きないほど悲しい」ことは事実です。

しかし、自分の奥底にある妻への愛情に気づいたとき、その愛の力が、医師を「自分の悲しみへの耽溺」から解き放ちました。そして悲しみは悲しみですが、悲しみが意味を取り戻し「意味ある悲しみ」「愛に包まれた悲しみ」に転換しました。

フランクルは、痛み、罪、死を悲劇的な三要因（tragic triad）としてあげています。愛する人の死は、残された人の人生に決定的な影響を与えることが多く、死は不可避の人間的事実です。人生の過程で、自分の心に刻まれた痛みには、時として耐えがたく、癒《い》え難いものがあります。自分の意志でどうすることもできず、払っても払っても自分につきまとい、日常生活の中で、意識では忘れていても、心のどこかにあって無意識のうちにそれが頭をもたげます。「トラウマ」はその一例です。自分の意志でどうすることもできない点で、罪の意識も同じです。その人にしかわからない自分の犯した罪は、どこにももっていくこともできず、どう対処したらいいかもわからない難しい問題です。

いずれも自分でどうすることもできず、つまり、意のままにならず、他の人も当然どうすることもできません。そして、それはその当人を「その人自身にしばりつけます」。つまり、払おうとすればするほど、自分の存在がその苦しみのるつぼにからみ取られていって抜け出せなくなります。「自分が自分に囚われる」「自分が自分のとりこになる」状態になるのです。

フランクルは、この自分への囚われから抜け出ること、自分に囚われた意識から放たれることを自己超越とよび、この自己超越が、人生を意味あるものにする鍵だと考えています。

自己への囚われには、痛み、罪、死以外にも、自分が抜け出すことができない苦境もあります。問題は、それが「抜け出しがたい鎖」や「自分を閉じ込める檻《おり》」のようになることです。自分の意識が、それを意識するとしないとにかかわらず、過度に「自分」に集中し、この「集中状態」が、自分自身に張り付いて離れないという膠着状態です。

人は悲しい時に泣きます。泣くことで、晴れる心もあるからです。涙には、心を癒す涙もあります。しかし、悲しみが癒しにならず、更なる悲しみを生み、人を抜け出る道のない底なしの悲しみに引きずりこんでゆくこともあります。悲しみに「溺れた」人を救うのは、実は、その人自身に存在する力です。先の老医師の場合、悲しみからの解放は、その医師自身がすでに持っていた妻への愛情です。フランクルが行なったのは、その老医師自身が持ち、しかし気づかなかったその愛に気づかせたことだけです。医師は、自らが持つ愛の可能性に目覚めることにより、その愛の力が、悲しみからの解放、自己超越を可能にしました。

精神科医としてのフランクルのなしたことは、患者のもつ力、可能性に気づかせたことです。フランクルは、この方法を、ソクラテスにならってソクラテス的対話法と呼んでいます。重要な点は、解決の鍵は精神科医、フランクルが「与える」のではなく、患者本人が既に持っているということです。人生における意味も同様に、それぞれの人がその鍵を既に持っているということです。

ナチの強制収容所での生活をみると、自分を超越するということの意味がよくわかります。そこにいる人は、囚人でも看守でも、誰も他の人を気づかう余裕もなく、自分の生存と欲望のままに振る舞ったとしても誰もとがめる者はなく、自己保存が至高の関心となっている世界です。その中で、ひとりの人が他の人を気づかう時があり、それが行動となって現れた時が、フランクルのいう自己超越の瞬間です。当然、本人も苦しみの真っただ中です。しかし、他者への思いやりが自分を超える引き金となり、そこに「人間としての何か」が現れたということでしょう。先の医師の例でいえば、愛する妻を失った絶望的な悲しみを「妻がこの寂しさを味わうより、私が喜んで受け止めたほうがはるかにいい」と思ったとき、自分の中にある妻への思いやりがはっきりと現実化し、その自己超越により「悲しみ」に囚われた自己が、その囚われから解放されたということになります。

自分を縛りつけるのは、身体的な問題、心理的な事柄、そして社会的経済的な事情もあります。もちろん、歯が痛ければ歯医者に行けばいいし、失業して経済的に困窮したら社会福祉課に相談に行くのも手です。しかし、一方では身体的なハンディキャップがあったり、自分の精神的な病と生涯付き合わざるを得ないという人もいます。社会的経済的な事情や、心理的な問題で、どうにもこう前に進めない、生きてゆくことも困難だという状況すらあり得ます。身体的限界、社会的限界、心理的限界などありとあらゆる限界に直面した時に、人は、その苦悩に縛られ前に進めなくなります。フランクルは、生理的・身体的・物理的次元、心理的・社会的次元に加えて、それを超えた精神的次元に人間の固有なあり方を見出しました。

それは、身体的、社会的、心理的な限界が、どんなに困難な限界であっても、たとえそれがフランクルが経験した収容所での死と隣り合わせの限界だったとしても、決して絶対的な限界ではなく、人間にはその限界を超える次元が備わっていて、それが精神の次元だということです。つまり「生きることを絶ちたい」と願うような苦しい限界であっても、それを超える可能性が人間には開かれていて、その鍵が「意味を見出す」ことにあるのです。

ロゴセラピーについて

フロイトの精神分析は、人間をみるのに欲望、自己保存の欲求など身体、生理、物理的次元に焦点を当てています。アドラーの個人心理学は、個人の自己実現、社会的成功など、心理的社会的次元を中核にして人間を分析します。しかし、フランクルは、肉体的次元、心理的社会的次元に加えて、精神的次元があり、これこそが真に人間的な次元であり、人生を意味あるものにするのは、この次元であると考え、それをロゴセラピー（ロゴスは真理をさします）と呼びました。

肉体のあらゆる欲求が満たされても、また、社会的にどんなに成功しても、それだけでは、人生を意味あるものにすることはなく、繁栄と成功の頂点でも、人は人生の虚無、虚しさにさいなまれます。努力の果てに成功や繁栄に至ったとします。しかし、その得たものにも努力にも「何のために？」という問いがあります。単に自分の可能性を発揮したとか、権力を手にしたかったたということは、人生の問いに答えるには不十分です。成功と繁栄の頂点で虚無感におそわれることがあるのはそのためです。

人生の意味は、成功や繁栄、自己の可能性の発揮とは別の次元の問題です。逆に、人生に苦悩する現実は、なぜ終わりのない苦しみに耐えねばならないのか、どうしていっそ死んで終わりにしてはいけないのか、なぜ苦しみに耐え続けなければならないのか、という問いを突きつけます。フランクルは「既に述べたように、収容所で人間の内的な強さを取り戻すには、何らかの未来の目標を取り戻すことが、まずなされねばならなかった。ニーチェの言葉、『生きる理由を持っている人は、ほとんどどんな方法・やり方でも耐えることができる』は、囚人への精神療法的、精神医療的な努力を導くモットーであった」（２００６，76ページ）と記しています。人は、そこそこの苦悩には耐えられますが、終わりの見えない苦悩は耐えがたく、人生の意味の問いを突きつけます。

フランクルは、繁栄や成功、あらゆる力は、単に手段を与えるに過ぎず、それをもってどう生きるか、誰のために、何のために、どう自分の持てるものを使うかという精神の次元が残されていると考えました。成功や繁栄が人生を意味あるものにするわけではないように、失敗や事故、不運な事柄が、人生を無意味なものにするわけでもありません。人生における運不運、成功失敗は、無数の理由や条件で、人に降りかかります。幸運の絶頂から不幸のどん底への転落もちょっとしたきっかけで起こります。しかし、どんな人も、いかなる状況下でも、全く置かれた事態や状況に関係なく、人は意味ある人生を生きる鍵を持ち、その可能性に開かれています。

言い換えれば、人間は、精神的次元に開かれています。どのような身体的、心理的限界があっても、より大きな社会的な価値や人への思いやりに気づき、自分以外の他者の助けになるようにと、自分の人生への態度を見直すことができます。自分が持っているあらゆる可能性の中で、自分以外の人や社会に対してなしうることを考え、実行し、そう生きてみる。そうすることによって、自分の人生の意味が変わってくる、とフランクルは言います。

つまり、自分に集中していた愛の方向性を、他者に向けてみるということです。そうすることによって、自分ができること、自分の存在の可能性が一気に広がり、その広がりが自分の囚われを解き放ちます。自分自身の人生が意味を持つ瞬間というのは、そうした自己超越の瞬間です。フランクルは、人間には、その自己超越の可能性があり、人はそれを選び取る自由がいつでもあり、どんな状況でも、たとえ身体が拘束され、社会的、心理的な束縛があったとしても「人間としての何か」を実行しうる自由がある、と言います。

その可能性は、誰も奪うことができず、人は、死の瞬間まで、どう生きるかという可能性を選択する自由があります。突き詰めていえば、これは自分の人生に対し自分がどういう姿勢、態度でのぞみ生きるかという決断の問題であり、どういう人間となるのかという問題でもあります。

むろん「自分はこうしたい！」あるいは「そうできたらいいけど…」という望みと現実にはギャップがあり「願う通りには簡単にできない」という現実があります。一人一人が直面し、置かれている状況は千差万別です。リスクがありすぎてどうにもならない、ということもあります。あるいは、リスク回避のために変わったことはしない、他人に同調しておくということも多いと思います。

しかし、物事には必ず時と場があります。ここぞという時があり、この場でという正念場があります。その見極め、リスクの判断、そして行為の決断は、その本人にしかできません。そもそも、その本人が自分で自発的にやるから「意味がある」のであって、他の人の指示に従ってやったということでは意味がありません。フランクルは、どう考え、どう対処したらいいかその手助けをします。しかし、その助けというのは、自分自身に囚われていた人がそこから離れ、別の視点でものを見るのを手助けするだけであって、決して、その人の代わりに決めたり、指示したりはしません。答えをその人自身が見出し、そのようにその人が生きてみた時、その人に意味が現れるという形でのみ人生の意味の答えは見出されます。

つまり、人生の意味というものは、一般的な形で語り得るものではなく、その人自身が自分の人生に見出してゆく答えを通して与えられるという形でのみ存在するのです。それ以外の答えは存在しません。だから誰かに自分の人生の意味を教えてもらうということは、原理的に有り得ないことです。ちょうどのどが渇いているから、誰かに、自分の代わりに水を飲んでくれと頼むようなものです。

フランクルのアプローチについて、さらに詳しく見ていきましょう。

2–3　あなたが、どうしてもやるべきこととは？

自分の人生の問いかけに対し自分自ら答えようと決め、自分の人生の舵を握ったとします。では、自分は何をしたらいいのでしょう？　具体的に、何をどうしたら意味ある人生となるのでしょうか？

人は、自分でも気づかない、あるいは、うすうすわかってはいるが日常のことで忙殺され、意識にのぼらない「やるべきこと」があります。これを自覚させるロゴセラピーのエクササイズがありますので、それを紹介します。紙とペンを用意してください。

人生を振り返るロゴセラピーのエクササイズ　葬式

自分の葬式を思い浮かべてください。そう、自分自身の葬式です。

二つの問いに答え、紙に書いてください。

まず、あなたの享年、死亡した時の年齢です。何歳で死にましたか？　これは、当然想像ですが、紙に書いてください。

そこで、次の問いに答えてください。

自分の人生の最期の日に、何がなされていたら満足できるでしょうか？　つまり、自分が死んだその時から自分の人生を振り返ってみて考えてみます。そして、自分の人生で、いったい何がなされていたら自分は、自分の人生をまっとうしたと思うでしょう？　それを紙に書いてください。

そこにはあなたの人生の中で「なすべきだったこと」が示されています。

残された人への自分の関わり方、人間関係のことかもしれません。仕事のことかもしれません。あるいは、どういう人間として生きたという生き様かもしれません。つまり、是が非でも「これだけは」という、何かどうしてもやっておきたかった、やっておかなければ死ぬに死ねないことは何なのか？　その「何が何でもこれだけは…」が明確になります。それが、あなたが、今すべきことです。

自分の人生に責任を持つということには、そうしたあなた自身に課せられた具体的な課題、事柄をなすことが含まれています。中にはすぐにできないことや、準備が必要なこともあるかもしれません。現実の状況とすり合わせながら、少しずつでも、その「これだけは」を、生きているうちに実行されることをお勧めします。

自分の人生をまっとうする鍵、答えは、他でもない自分自身、あなた自身が持っており、フランクルはその「気づき」の手助けをするということです。

人にはその人が置かれた特別で異なった状況があり、その人ごとに固有の歴史があります。どの人生も誰の人生も、唯一でユニーク、一回きりの人生です。なすべきこと、意味ある行為、意味ある実践というものは、その人のユニークなあり方によって決まってきます。一般的な解答は存在しません。

他人があなたになれるわけでもなく、あなたの人生を生きるわけでもありません。フランクルは人生のそれぞれの局面における選択について、チェスを引き合いに出して説明しています。「チェスのチャンピオンにこう尋ねたとします。『世界中で一番いい差し手は、何ですか？』具体的なそれぞれの局面や指す相手の性格を抜きにした最善の手とか良い手など存在しません。人間の存在についても同じことが言えます。人は、抽象的な人生の意味など求めるべきではありません。人には、それぞれその人固有の異なった役割や使命があり、それを実現すべく具体的な課題を成すようになっています。一人一人の人は他の人にかえることもできなければ、その人生をかえることもできません。ひとりひとりの課題がその人に独特のものであるように、それを実現する機会もその人特有のものです」（２００６，１０８ページ）

つまり、自分自身の状況をかんがみて、固有の歴史をもった自分という唯一無二の存在は、自分自身の意味を見出し実現する責任があるということです。しかも、人は「自分がなすべきこと」を、実は薄々知っている。しかし、いつしかそれを意識の奥、心の片隅にしまってしまっている。いわば自分だけがその扉を開ける鍵をもっている所にしまったままにしている、と言えるかもしれません。人生の意味を見出すということは、自分自身をもう一歩深く掘り下げ、自分をよく理解するということでもあります。

ハイデガーは『存在と時間』において「死」が「人が固有の存在としてあること」を際立たせると指摘しています。誰も他の人の死を経験することはできないし、自分の死を誰かが経験できるわけでもありません。自分の死に直面する、自分の死に向き合うということは、自分の固有な存在のあり方を際立たせます。「固有の」（eigentlich）には、同時に「本来の」という意味があり、ハイデガーは「固有の」在り方をすることは、同時に「本来の」あり方をすることであるという二重の意味を重ねて、このことをあらわしています。フランクルの葬式のエクササイズは、人がその心に既に秘めている「本来の」そして「固有の」なすべきことの自覚をもたらし、行動を促すもので「死」がもつ解明の力を用いています。ちょうど闇の中でこそ光の輝きが見えるように、生の否定である死によって生が際立つのと同じです。闇の中でこそ光は輝き、無の中で有は際立ち、白紙の背景があってこそ書かれた文字が文字として見えるのは同じような現象です。

「存在の意味を輝かせる」

しかし、人生の意味や自分固有の課題は、自分の意のままに勝手に創りあげたりできない面があることをフランクルは指摘します。人はいろいろな目標を立てたり、課題をこなしたりしますが、必ずしもそれで自分の人生に意義を感じるとは限りません。達成した果てに虚しさが心の底に残るという場合だってあるのです。人生の意味には「自分の意のままにならない」という面がありま す。意味はむしろ「生きがい」や「喜び」「充実感」として感じられ、あらわになるといった方がいいかもしれません。フランクルは「存在の意味を輝かせる」（"make the meaning of being shine forth" 2014, pp. xvii) という表現を使っています。これはハイデガーを想起させます。

ハイデガーは、存在の意味があらわれることをうまく表現するために苦心しました。意味ということ、各自の主観的なとらえ方であるとか、文化によってつくられたものに過ぎないという見方があり、さらに意味は恣意的、相対的なものに過ぎないという見方があります。ハイデガーは、『存在と時間』では、主観―客観という枠組みそのものに問題があることを指摘し、その枠組みを外したうえで、意味がどう人間にあらわになっているかを示そうとしました。ハイデガーは、『存在と時間』以降も、存在の意味があらわになる手立てを求めて、それまでの哲学の枠組みの解体(deconstruction) をずっと試みてゆくことになります。

フランクルも、意味や価値というものが、人の恣意的な望みや時代、文化による人の思い込み、意のままになる創作だという考えとは一線を画しています。もし価値や意味が、時代や文化で決められるだけのものならば、人間は、集団への迎合や追従、さらに権威と思われるものへ従順であればいいことです。また、意味が個人の恣意的な望みや創作でつくれるならば、誰も意味の喪失などで悩むこともないでしょう。

フランクルは、意味や価値が、人間の現実がどうであれ、その事実に左右されないという意味で、現実を超えたところにあるとみています。しかも「存在の意味を輝かせる」ためには、自分自身を掘り下げ、真実な生き方を目指して実践することが不可欠であるといいます。つまり、人生の意味は、どこかに既に在るものを手に取って眺める、まるで物体のような対象ではなくて、生き様、人生の生きるプロセスの中で生涯にわたってあらわになっていくものだということです。

しかも、自分の人生が自分自身に「どう生きるのか？　どういう人になるのか？　何をすべきか？」と問い、それに誠実に応えてゆく過程で、自分に現れてくるもの、それが人生の意味であるということです。

人生の意味、無意味は、常にその人個人における問いです。死が常に自分の死であり、他の人がとって代わることができないように、生もまた代替不能です。人生の意味も、その人自身の課題であり、その存在の最も基本的な問いです。それにどう気づき、どうあらわれるようにするのか、その具体的な方法が、フランクルの成し遂げたことです。

自分が心の中で大切にしている価値が何であるのか、自分の人生の中でそれがどう自分に影響を与えたのか、それを見えるようにするエクササイズをもう一つやってみましょう。「山脈エクササイズ」（Mountain Range Exercise）として知られたロゴセラピーの一つです。

人生を振り返るロゴセラピーのエクササイズ　山脈

紙とマーカーを用意してください。

自分の人生を振り返り、いくつかの山を描き、その頂上に自分に影響を与えた人の名前を書いてください。

自分の身近にいた人でも、本で読んだ人でも構いません。

どうですか？　どんな山脈が描かれましたか？

このエクササイズをやると、自分が思っていなかった人が思い浮かんだりして驚くことがあります。何か、驚いたことがありますか？　思いがけない人が心に浮かんだりしましたか？　ずっと忘れていた小学校の時の先生とか、友人とか、いろいろと思い出すことと思います。

私の場合、父の友人で、一回しか会ったことのない人がいます。名前も知りません。その人が、小学生だった自分に「君は、どうやって人生を生きようと思っているの？」と尋ねました。「ええっ？」とただ何もわからずに戸惑っている私に「Do Your Best」（自分の最善を尽くせ！）だよ、と言いました。初めて会った人が、突然言ったことですが、幼い心に深くささりました。そうか、何でも一生懸命にやるのか、と自分なりに納得して、それはその時から自分の生き方の一つの羅針盤になりました。たった一回、見知らぬ人とのほんの一瞬の出会いですが、その名も知らない方は、私の山のひとつとして稜線も広くしっかりとその存在が描かれています。

次に、この問いに答えてください。

山頂に書かれた人に共通する価値は何ですか？

その価値は、あなたが心の中で大切にしているものです。普段は注意を向けていなくても、目に見えない形であなたの生き方、ものの考え方に影響しています。

最後の質問です。

自分以外の誰かが、この山脈エクササイズをやったとしましょう。あなたの名前は、誰かの山頂に書かれているかもしれません。そこで、質問です。

あなたの名前を書いた人は誰でしょう？　いや、誰に書いてほしいですか？　言い換えれば「あなたから影響を受けた」と言ってくれる人は、誰でしょう？　どんな人、誰にそう言ってほしいですか？

このエクササイズは、あなた自身が心の中に培い、それを軸にして生きてきた価値観を示しています。既に自分が心のどこかに抱いている価値観を、自分で確認することを可能にします。

このように、ロゴセラピーのエクササイズは、他の人が自分にあれをやれこれをやれと価値観を押し付けるのではなく、その人が既に秘めていてそれでいて自覚はしていない、あるいは、うっすら自覚しているが、見えなくなっている価値観を目に見えるようにするというものです。その価値観を明確にすることによって、よりその価値観に寄り添った生き方に自然に向いてゆくようになります。自分のやることなすこと、判断、評価などにおいて、自分はどういう価値観を持っているのか、時に、振り返ってみるのもいいと思います。

フランクルは、ハーバード大学の世界宗教の教授、ヒューストン・スミス（Huston Smith、

1919 – 2016) との対話をこう書いています。

スミスは、フランクルに「価値は教えることができるでしょうか?」と尋ねました。フランクルは「価値は教えられない。価値は生きるものである」と答えました（2014，64ページ）。

価値というものは、それを本当の意味で理解するには、自分が実際にそのように生きてみなければ無理だということです。

人が示せるのは、どう生きるかという例であり、価値は、抽象的な知識ではなく、生きて働くものであるといえます。フランクルは、価値というものが、その人のひととなり、生きざま、生きる姿勢となってゆくことで「存在する」ことを「価値は生きるものである」と表現したといえるでしょう。そして「価値を生きる」ことによって人は自分の固有な「存在の意味を輝かせ」、存在の意味に自分自身が照らされることになります。

2–4　ロゴセラピーのアプローチ

フランクルのセラピーはロゴセラピー（ロゴスは真理という意味のギリシャ語）といいます。

ここでは、日本でポピュラーになっているアドラーやフロイトとの相違を説明しますので、心理学に興味がある方には参考になると思います。私の専門は哲学ですので、それぞれの心理学が依拠している基本原理、哲学的な前提に焦点をあてます。フランクルは現象学の視点から、やはり彼らが用いている基本原理、哲学的な前提にその批判を向け、同時に、精神科医としてその心理学説に疑問を投げかけ、彼らとは異なる人間理解を基に独自の心理療法を打ち立てました。

フロイト、アドラー、フランクル

フランクルが青年だった頃、フロイトは既に名をはせ、アドラーも個人心理学という新しい心理療法を打ち出していました。フランクルはフロイトと書簡を交わしたり、アドラーの学会誌に論文を送ってそれが掲載されたりと、この二人の心理学、心理療法については熟知していました。しかし、彼らの理論を学べば学ぶほど根本的な疑問がわいてきたと言います。

フロイト、アドラーの理論の詳細は省きますが、フロイトは、基本的に性欲、自己保存欲などの人間の本能的、肉体的な欲望が満たされたり、満たされなかったりするところに人間の在り方を見ました。肉体的な欲望の充実、欠乏に焦点をあてますから、快楽原理が基本となります。

一方、アドラーは、人間の社会性に視点を向け、自己の可能性を実現したり、社会的に認められたり成功したりすることに人間の在り方の基本を見ました。社会的な成功には競争原理が働きますから、優越感、劣等感が付きまとうことになります。

フランクルは、肉体の欲望が満たされたとしても、また社会的に成功したとしても、それが「何のためなのか？」という問い、意味の問いが残る点に気づきました。事実、社会的にも成功して富を手にしても、その絶頂で人生の意味の問いが心の底から立ち上がり、虚無感にさいなまれるということは避けられません。その根本的な虚無感を覆い隠すために、自分自身を仕事や何かの目標遂行に無理やり追い込むことも多々あります。

フランクルは、フロイトにもアドラーにも、人間をとらえる時の基本的な前提に欠陥があると考えました。そこでフランクルが打ち出したのが多次元的なアプローチです。それは、人間を身体、脳、生理現象といった肉体的次元と人間関係、社会関係といった心理的な次元に加えて、意味や価値を問題にする精神的な次元から成るものととらえる視点です。

フランクルは、現象学の哲学者マックス・シェーラー（1874-1928）、動物学者アドルフ・ポルトマン（1897-1982）、社会学者アーノルド・ゲーレン（1904-1976）らがつくりあげていった哲学的人間学の視点、人間の自己超越に自分の視点との共通点を見出していますして（2014，11ページ）。ことに人間が生物的な次元を超えて（超越）、価値や意味を実現する形で存在していることを掘り下げたシェーラーの視点に共感しました。フランクルは、現存在分析を創始したスイスの精神科医ルードヴィヒ・ビンスワンガー（1881-1966）との対比で、彼の現存在分析がハイデガーに依拠しているのに対し、ロゴセラピーは、シェーラーに依拠している点を述べています（2014，xviiページ）。

ところで、少し補足しますが、フランクルが価値をロゴセラピーの軸にしたという点で、シェーラーとの共通点があります。しかし、人間存在の基底に意味への指向があり、意味への問いこそが人間の存在にアプローチする根本的な問いであることを見抜いた点は、ハイデガーと共通していま す。戦後、フランクルはハイデガーと個人的に交流していますが「意味の問い」が存在への問いの中で最も根源的な問いであるという洞察が、疑いもない二人の共有点です。

人間にはまがいもなく肉体的な欲望があり、この欲望がなければ死にます。どろどろとしたマグマのように人間を根底から突き上げる欲望は、しかし、時に強烈であり、その扱い方を間違えると人生は破局します。ことにフロイトが解明した無意識の領域の人間生活への影響は、その後の研究を大きく開いたもので、このフロイトの慧眼は特記すべき事柄です。

哲学史上では、アリストテレスは、その『霊魂論』(On the Soul)で、人間を植物的なレベル(栄養をとったり消化したりする生命維持レベル)、動物的なレベル(本能的活動、神経的な作用)、精神的なレベル(理性を用いるレベル)からなる複合体と見、心・魂もこの三つのレベルを総合したものと見ています。アリストテレスの魂・心の概念には、意識下で自律的に行われている生命的、本能的な側面が含まれています。それは、心=(意識の及ぶ領域)という近代的な心の概念より、はるかに広いもので、無意識の範囲を含んでいます。アリストテレスの場合、人間の特異性を理性に見ていたということ(プラトンも同様です)は、その後の哲学史を方向付けたという点で、その功罪は別に考える必要があります。しかし、意識、無意識を含めた総合的な視点はすでにアリストテレスにおいて確立されていた点は留意すべき点です。

フランクルのフロイト批判

意識や行動に及ぼす無意識の領域の解明は、やはりフロイトにその功績があり、フランクルは、自分を「巨人の肩の上に乗った小人」と評し、それゆえに、自分は「巨人よりも、もう少し遠くまで見ることができた」と記し、フロイトの精神分析が、その後の精神医学の発展の基礎をつくった点を認めつつ、フロイトがその視点をあてた肉体の欲望のその先、精神の次元、意味の次元を見る自分の立場を比喩的に説明しています（2014，xviii ページ）。

フランクルは、フロイト理論の内容そのものよりも、むしろ、フロイトの理論が依拠している哲学的な前提そのものに異を唱えています。

第一に、問題は肉体的、本能的な欲望を主軸にした人間の生のとらえ方です。フランクルは、肉体の欲望が仮に十分に満たされたとしても、人生の意味、生きることの虚無感は、決して満たされず、むしろ意味への問いが鮮明になると指摘します。第二に、肉体的な欲求、物質的、経済的な条件の向こう側、その先に、価値や意味がかかわる精神的次元があり、この次元こそ人間固有の本質的次元だとフランクルはとらえました。

正確に言えば「意味への問い」は人間存在の最も根本的な問いとしてあり、それゆえに人間のあらゆる理解も活動も「意味があるかないか」を伴っています。言葉やシンボルの理解、科学的な発見、宗教の儀式と活動、宗教を含む世界観の選択、どれをとっても「意味があるかないか」という問いは、人間の理解と実践の根底に横たわっています。それゆえに、肉体の欲望の充実もその問いを逃れられないのです。更に言えば、自殺すら死ぬことに希望を見いだしてこそできる行為であり、自殺者にとって「自殺」が、意味ある行為、最期に残された意味ある選択（実際にはそうではないが）として受け止められています。その意味で「意味への問い」は、人間の生きること、存在そのものに伴った根本的な問いです。フランクルが意味を人生の根本問題と見た背景には「意味への問い」の根源性への洞察が含まれています。

人生の意味を求めて宗教に向かう人もいます。中にはそこに着地する人もいます。その結果、宗教信者の多くは、自分が信じる「宗教によって人生が初めて意味あるものになった」と考えますが、それは考え違いです。「意味への問い」がまずあって、その上で、人はどの宗教が意味をなすかと判断し選択しています。宗教は変えることができますが、人は「意味への問い」から逃れることはできません。

フランクルは、こうした「意味への問い」の存在論的な根源性に基づいて、この問いが、肉体的欲望の次元では問いにすらならず、完全に抜け落ちてしまうことを見抜きました。

つまり人間の生を肉体的な欲望、快楽原理をもとに見つめる限り、意味への問いそのものを素通りしてしまうということです。

フランクルのアドラー批判

アドラーは、人間が社会の中に存在し、人々との人間関係を築くことによって、幸福を実現できると考えました。人生の課題として、仕事、交友、愛の三つをあげ、それがうまくゆくためにどうやって人間関係を円滑にするかという誰もが納得できるような課題に取り組みました。

他人からの承認欲求に傾きがちな日本の社会においては、他者の評価に依存するのではなく、自分が求める理想や目的をはっきりと自覚し、目的に向かう自分の内発的な傾向をうながし、それに沿って行動できるようにすることは理にかなっています。人より優れていれば嫉妬でたたかれ、弱ければさらにいじめられるという集団性の強い日本社会には、アドラーの心理学はことに有益です。

フランクルもその研究生活のはじめにはアドラーの個人心理学を学び、その学会の会誌に論文を投稿し掲載されています。しかし、フランクルはアドラーの心理学の根本的な前提に問題点があることを指摘しました。フランクルは、アドラー心理学の弱点を補い、その発展を願ったのですが、アドラーにとっては受け入れ難い批判でした。フランクルの指摘は、アドラー心理学の前提そのものの問題点であり、多少の修正で済むような問題ではありません。フランクルは、結局アドラーのグループから排除され、自分の道を切り開くことを余儀なくされました。

アドラーは、人間は他者と自分を比較し、自分の優越感を感じることにより自分の価値を確認する存在だとみました。当然、優越感の裏には劣等感があります。この優越感―劣等感のもとには、人間が基本的に権力意志によって行動し、振る舞うという前提があります。しかし「優越感―劣等感」という図式を認め、この枠の中で成功なり自分の目標を追求するとなると、人間は必然的に優越感と劣等感にまみれた凄まじい内的葛藤の中に叩き込まれます。

つまり、優越感をもてれば劣等感がなくなるというものではなく、優越感と劣等感は、自分と他の人を比較することそのものに表裏のようについてまわります。

フランクルの見るところ、このアドラーの図式の根底には、人間は権力意志を根本動機として生きる存在であるという視点があります。経済的繁栄、社会的名声、その人が秀でた分野における成功や達成など、人より秀でることによる力の増大は、ある種の快感を与えます。権力意志を、人間の根本衝動とみて、その哲学的分析をしたのはニーチェですが、フランクルは、この権力意志の視点がアドラー心理学の根底にあると見ました。

フランクルは、権力意志を軸として人間に向かい、そこから心理療法を組み立てるアプローチそのものを不十分なものだと見ました。自己の可能性を実現し、社会的に成功したとしても、その成功と繁栄の頂点で、その成功そのものが何のためにあるのか、自分自身は何のために生きているのかという問いが立ち上がります。どんなに人々の賞賛を受け、自分の能力の限りを実現したとしても、自分の存在の意味への問いは、手つかずに残っています。更にその人が、自分の成功、自分の可能性の実現など「自己」を中心にものを見ている限り、そうした在り方そのものが、存在の根底にある人間存在の意味への問いを素通りしています。そのために虚無感、絶望感が心の奥底で凪のように吹いて、その人の生を脅かします。

成功と失敗、優劣を軸にして人生をはかった場合、失敗したら絶望が待ち受けています。人は、時に社会の底辺を這いつくばりながら生きざるを得ない境涯すらあります。あまりの苦悩から、もう二度とめざめないこと、すなわち死を望んで床に就くこともあります。ところが、苦悩のどん底でも、全てを失ったその最底辺の場でも人間は生き方の転換で、生きることに意味を見出すことができます。それは、人間が意味として存在しているからです。そしてその意味を遂行していくことで、人は生きることに希望を見出すことができます。

成功であれ失敗であれ、繁栄であれ衰退であれ、人生のあらゆる局面において、意味をしっかりと見出すことによってこそ人は生きることができる。フランクルは、アドラーにはこの視点が欠けていると指摘しました。フランクルにとって、この意味を開くのは社会的、心理的次元の向こう側にある精神の次元でした。

意味の代用としての快楽と力の追求

物事を成し遂げるには力は不可欠です。経済力にせよ、技術力にせよ、能力、交渉力または組織における権力にせよ力は必要です。しかし、力は何かを成すための条件、手段であって、力の行使そのものは目的ではありません。

また、快楽は、何かを成し遂げた時の結果として得られるものです。フランクルは「最終的な分析の結果、一方において、社会的なステイタスや権力への意志、他方において快楽原理や快楽への意志は、人間の主要な関心である意味への意志から派生したものです」（2014，20ページ）と述べ、目的である意味とその手段としての力、結果としての快楽や幸福の関係を指摘しています。

つまり、力は、意味を実現するための手段、必要条件であり目的そのものではありません。同様に、快楽や幸福は、意味を実現した時の結果であり、目的そのものではありません。

フランクルのこの分析は、存在の意味への問いが、人間存在に伴っている根本的な問いであるという洞察に基づいています。つまり、力があろうとなかろうと、社会的に成功しようと失敗しようと、あるいは幸運に恵まれても、不運で人生がずたずたになっても、生きる意味への問い、自分が存在する意味への問いはそこに横たわっているということです。快楽原理や権力意志に基づいた生き方は、意味への問いを飛び越し、あるいは素通りしてしまいます。

幸福論、成功、繁栄、自己実現、欲求の実現という思想は、むしろ意味への問いを覆い隠し見えなくしてしまいます。その結果、繁栄の頂点、権力の絶頂で、人は容易に人生に絶望し虚無感におそわれることがあるわけです。

権力意志の問題点

権力を指向する人間の性《さが》には恐ろしいほどの深さと強さがあります。親子、夫婦、兄弟であっても、絶大な権力を前にするとすさまじい権力闘争を繰り広げるのは過去も今も同じです。膨大な富であれ権力であれ、力を目前にすると人間が豹変する事実は、力の持つ魅力と、それにあらがい難い人間の性をあらわしています。

人間にせよ組織にせよ、権力志向の最も大きな問題点は、人間の手段化です。権力のためには有用であるかどうかが判断の基準となり、人間は道具となり手段となります。人間が物のように扱われるところからこれを物象化（物と化する）とも言います。宗教においても教派主義というものは権力意志がもとになっているものだと私は見ています。

絶対的な友愛、平和、寛容を説いていても、その信仰システムや宗教グループの権威者を否定する者に対しては、宗教は不寛容です。ほぼ同じ教義を持ちおなじ儀式を行い、信じている内容にはほとんど変わりがないのに競合する教派は、ただグループの権力をもつ権威者が誰であるか、リーダーが違うだけだという場合もあります。教派同士が互いに敵視し、闘争を繰り広げることも多々あり、愛と正義、平和を前面に掲げて敵視し、闘うというパラドックスがあります。

イデオロギー化の否定

フランクルは、哲学的には現象学の立場をとっています。第三章で説明しますが、現象学というのは哲学における一つのアプローチで、現象をありのままにとらえるために、私たちが知らず知らずに囚われている前提、思い込みをできる限り外して現象をとらえようとします。

フッサールにより創始され、ハイデガー、マックス・シェーラー、メルロ・ポンティなど、多様な分岐と異なったアプローチが表れましたが、共通するのは「事象そのものへ」というフッサールの標語にあらわされるように「独善的な前提を取り除き、事象に忠実に向かう」という姿勢です。つまり現象学は、一定の教説を掲げるものではなく方法（最も広い意味で）であり、事象にむかうときの探究の姿勢、在り方です。

社会といい人間といい、事象は実に複雑です。その複雑な事象を、学問はある一定の解釈の枠組みをもって迫り、その説明の枠組みをもとにして分析、説明します。その時、ある一定の解釈の仕方、解釈の枠組みをいわば絶対的なもの、唯一の見方と思い込むと、そのアプローチはイデオロギーと化します。

フッサールの時代、社会現象そのものを歴史現象にすべて還元する歴史主義が登場しました。同様に人間の現象をすべて心理現象と見て、心理現象に還元する心理主義も登場しました。学問の視点も、新しい見方が表れるとあたかもその見方ですべてがわかるという錯覚に陥ることがあります。人間の理解は、常にある一定の視点（パースペクティブ）からなされます。学問においても、現象は、常にある視点から見た現象であり、全ての視点を網羅する視点などは存在しません。視点そのものが固定されたものではなく、常に新たな視点の可能性に開かれたものだからです。

多様な事象を特定の事象に還元する立場を還元主義といいますが、フッサールが現象学を始めたのは、還元主義にみられる独断的な思い込みをはずし、独断的な前提を逃れて事象そのものに迫る哲学の在り方を求めたことによります。

フッサールやハイデガーが哲学でやったと同様に、フランクルは、精神療法における独断的な思い込み、理論のイデオロギー化に反対しました。「全体性が主張された瞬間に、生物学は生物主義となり、心理学は心理主義となり、社会学は社会学主義となる。言い換えれば、その瞬間、科学はイデオロギーとなる」（２０１４，８ページ）と言い、学問のイデオロギー化を批判しました。どんなに有効な見地も、その視点が全体化、普遍化されて、現象を説明しつくす理論として主張された時、危険な独断的イデオロギーとなります。そうなると理論は危険で害悪すらもたらすことをフランクルは指摘しました。

たとえば精神疾患という、フランクルが精神科医として立ち会っている現場を例にとってみましょう。

精神疾患はことのほか複雑です。フロイトは幼い頃の性的欲望の抑圧、ゆがみが成人した人の精神疾患に及ぼす影響を重視し、そこからある意味で特殊な理論的前提に基づいて疾患の「原因」を特定し、医師がその「処方」を与えるというやり方を提起しました。フロイトの理論を普遍的に妥当な唯一の理論と思い込み、フロイト主義に陥った場合、存在しない患者の過去のトラウマをあたかも「原因」であるかのように創り上げ、その存在しない「原因」に対処するということが生まれます。医師の思い込みあるいは特定の理論への過信による誤診、原因の捏造による病を医原的(iatrogenic)病といいますが、理論のイデオロギー化は、こうした問題をもたらすことをフランクルは見て取り、厳しく批判しました。

たとえば、人が自分の人生の意味について深く悩み実存的な空虚感に陥ったとします。もし医師がそれを神経症と診断し、人間の究極の意味への問いへの悩みを、フロイト流に「去勢への恐れ」と解釈したらどうでしょう。フランクルはこう言います。「実存的空虚は神経症ではありません。もし、仮に神経症だとしたら社会的神経症であり、医原的神経症です。言い換えれば、医者が創りあげてそれを治癒するかのようにしているにすぎません。患者が死に直面し、自分の人生の究極の意味の問いに悩んだ時、医師が、その「究極の関心」を去勢への恐怖ととらえることがどれだけ頻繁にあることか」(2014, 65ページ)。

フランクルは、精神的次元の問題を、肉体的欲望や心理的な現象に還元する還元主義を批判し、還元主義にみられる理論のイデオロギー化を否定しました。そして、諸理論のもっと根本的な問題は、人間という現象に対してアプローチする適切な哲学的枠組みがないという点で、フランクルはこの問題意識にたって、人間存在の意味を軸にした現象学的な精神療法を提起しました。

多次元的アプローチ

ことのほか複雑な人間の現象、精神疾患に対し、フランクルは多次元的なアプローチをとりました。

近年、人間を脳科学や神経学、生理学などの身体性からアプローチする研究が盛んです。また薬物を処方することで精神疾患に対処する方法があり、心理学の所見をもとにした心理療法もとられています。フランクルは、一方で、理論のイデオロギー化を否定しながら、他方で、複数の方法を総合的に活用する多次元的アプローチを提起しました。ことに精神現象に関しては、薬を用いる身体的なアプローチ、心理学的な見地に基づいたアプローチに加え、新たに彼が提起した意味をベースにした精神的なアプローチをとる、複眼的な総合的アプローチを用いました。今日では、患者の様子を見ながら複数の方法を用いるのが一般的ですが、フランクルはこの複合的なアプローチを、多次元的存在論をもとにして発展させました。

すなわち人間を身体的次元、心理的次元に加えて、精神的次元の三次元からなるものと見て、複数の精神療法を用いてゆく立場です。そもそも「ロゴセラピーは万能薬ではないし、同様にどんな心理療法も万能ではない」（2014，83ページ）からです。

フランクルは、人間が、耐えがたい運命的な人生の曲折や困難に見舞われることを熟知し、その問題を心理的な次元や身体的次元では解決できないことを指摘しました。

どんなに幸福を望み人生が順調に進んでいたとしても、その人生が切断され、思いもよらぬ苦悩に突き落とされることがあります。歴史の歯車にすりつぶされ、生きることを断念したい欲望に駆られることもあります。人生は、学というあらゆる学を総動員させてもどうにもならない謎と不条理、根本的な不可解さに満ちています。

宗教というものは、こうした人生のどうすることもできない根本問題に、それなりの物語を差しだし人間の苦悩に寄り添う試みです。一つの物語でその人なりの「解決」が得られたと思う人もいれば、更なる問いに向かう人もいます。他方、哲学は、あらゆる事象にどうアプローチすることができるのか、その問いの在り方そのものを精査し、人間の知の仕組みと知ることの限界等を吟味します。

フランクルは、苦悩、死、罪を人間存在における悲劇的三要素（tragic triad）と名付け、こうした状況にまみえると、人は、人生の意味を問われざるを得ないととらえました。誰も望まないのに降りかかってくる状況と事態。しかも、なぜ、今、それが自分なのかと問いながら。人は生まれながらにこうした状況の絡みの中に生まれ、死んでゆきます。生の向こう側も、死の彼方も何かがわからないままに。

こうした実存的な問いの場として開かれたのが、フランクルの精神の次元です。フランクルが決定的に重要なのは、その次元における中心的な問いとして、人間の存在の意味、人生の意味を置いたことです。これらの悲劇的事態に直面した時に、それから逃れるすべを求めるのではなく、その人自身が既に携えている超越の力を喚起することにより、人生を意味あるものにして、困難を超えて行くというアプローチです。宗教は、こうした悲劇的な事態に癒しを与えて「救済」するという形をとります。実際、あまりに深い苦悩には、宗教によらなければ行き場がないという人もいます。

フランクルは、宗教のもつ「精神衛生への計り知れない貢献」（２０１４，１１０ページ）を認め「宗教は人間に霊的な錨《いかり》を提供し、他のいずこでも見いだせない安心感を与えてくれます」（前掲書）と言います。しかし、フランクルは精神医学と神学、宗教を明確に区別します。宗教的な心理療法も精神医学も存在せず、その融合などは混乱に他ならないと喝破します。

こうしたフランクルの視点の根底には、人間の知が、常にある観点から遂行されたものである以上限定的なものであるという哲学的な理解があります。それは宗教にもあてはまります。特定の宗教、教派がどれほどその絶対性を豪語したとしても、人間の到達しうる知には必然的な限界があり、人間の知りうる真理は常に限定的で部分的なものです。

人間の知の限界と限定性は、全ての学にあてはまります。それぞれの学は、その枠組みの中でこそ意味を持ち、その知は確証されます。学問というものは、特定の知を確証したり否定したりする場にほかなりません。

つまり、真理というものは、それぞれの知の体系の中で、そこで同意されている真偽の基準に基づいて限定的に確証されるものであるということです。したがってその知の体系を外れたら、真理というものは意味を失います。そうなると当然のことですが、真理は複数あることになります。実は、この複数の真理を同時に可能にするところにフランクルの多次元的アプローチの優れた点があります。

フランクルは、ジャンヌ・ダルク（1412-1431）を例に挙げて多次元的アプローチを説明しています。ジャンヌ・ダルクはイギリスとの百年戦争でフランスを勝利に導いた少女です。彼女は、神からのお告げを聞いたと言いフランス軍を鼓舞し勝利に貢献しました。異端審問にかけられ異端として火刑に処されましたが、カトリック教会は1920年に聖人と認定しました。

フランクルは、ジャンヌ・ダルクは精神医学の視点で見ればまぎれもなく統合失調症であり、フランスの観点で見ればヒロインであり、カトリックの視点では聖人であるとみます。（といってもカトリック教会は、そもそもジャンヌ・ダルクを異端として処刑までしていることは、真偽の文脈依存性を如実に表していますが）つまり、彼女は、同時に、統合失調症であり、ヒロインであり、聖人であるということです。

「精神医学的見地から見れば、疑いの余地もなくこの聖人は統合失調症と診断されねばならない。精神医学の所見に従う限り、ジャンヌ・ダルクは統合失調症に他ならない。精神医学の次元において彼女が統合失調症であるという事実は、他の次元における彼女の意義を損なわせるものではない。逆もまた真である。もし私たちが、彼女が聖人だということをそのまま受け入れたとしても、彼女が同時に統合失調症でもあるという事実を変えることはない」（2014，14-15ページ）。

聖人であることで、ジャンヌ・ダルクが統合失調症でなくなるわけでもなく、統合失調症であることによって聖人でなくなったり、ヒロインでなくなったりするわけでもありません。

多次元的アプローチの三つの意義

フランクルの視点の重要な点を三点あげます。

第一に、フランクルのこの視点のもとになっているのは、知識の真偽の確定は知の体系に依存しているという点です。精神医学には、独自の知の体系とそれを支えている学問共同体があります。諸理論や多くの論争点があるにしても、知の真偽の判断は、そこで決められた真理確定の基準に基づいて行われます。その知の体系をぬきにしては統合失調症という概念そのものが意味を失いますし、判断の正しさの確定は、あくまで知の体系とそれを承認する学問共同体に依存しています。言い換えれば真理の判断は文脈依存的（contexual）だということです。それゆえに、精神医学的には統合失調症、カトリック教会の文脈では聖人、フランスからみればヒロインと複数の真理が同時に存在することになります。

第二に、知の体系は基本的に自律性と独立性を維持しています。知の真偽を確定するのにその知のシステムと学問共同体が、自らの基準に基づいて判断し、その基準の変更、変更の手続きの更新も、その知のシステムの内部で自律的に行うということです。それゆえに聖人であるから、統合失調症ではないということはありません。カトリック教会内部における聖人認定の基準の設定と判断は、精神医学には及びません。真偽の基準の設定がそれぞれ独立しているからです。

フランクルは、この点において明確に学の自律性と独立性を維持しています。先に述べたように、キリスト教的な精神医学などというものは混乱以外の何物でもないといいます。それは知の体系、とくに科学の知の体系は、信仰とは独立してその真偽の基準、判断の手続きが設定されねばならないということに基づいています。この知のシステムの境界設定を明確にしてのみ学の独立は保たれます。

視点の全体化、普遍化こそ、イデオロギーの源泉です。イデオロギーは、自分の視点を過信し、それを自分の知の体系が限定している限度を超え、真偽を確定する基準も手続きももたない他の知の領域に侵入していく知の境界侵犯です。イデオロギー化は、知の世界における暴挙であり、知の専制、独裁の主張です。フランクルの多次元的アプローチは、それぞれの学の独立と自律性への明確な日配りと尊敬があります。

ひとつ留意すべきことは、知の体系の独立性はあくまでも限定的なもので、複数の知の体系が相互に関連し影響を与えながら変化していきます。たとえば、聖書の記述を文字通りの客観的事実だとする宗教信仰も、生物学、考古学、人類学の知の解明によって変化を被ることがあります。一つの知の体系による解明が、共通する事象を扱う他の知の体系に揺らぎをもたらし、その知の新たな解釈を促します。知は連動することにより、複数の視点による総合的な判断を促します。

第三に、フランクルの提起したアプローチは、多次元の解釈空間を与えます。複数の学と、さらにそれぞれの学における複数の理論が、異なった視点から事象を照射します。フランクルは、精神医療の枠内では、身体的次元、真理的次元、精神的次元の三次元を提起しましたが、知全体においては、その解釈空間は、人文、社会、自然諸科学、諸宗教から成る多次元的解釈空間となります。

複数の知は、必ずしも一致、調和するわけではありません。事象が何かという事象そのものの確定も、視点が異なり、確定の方法が異なり、判断の基準が異なる以上簡単に一義的に確定できません。それは討議により真理を探究していく公共空間であり対話の場です。

多次元的解釈空間を可能にするときの一番の障害は、視点のイデオロギー化です。そして、後に議論するように、このイデオロギー化は、宗教においては排他的教派主義という形をとります。そのためフランクルは、宗教の精神衛生への意義を認めながら、独善的な教派主義はきっぱりと否定します。

人生の意味を開くセラピー空間

人生の意味は一般的な形で「これが君の人生の意味だ！」と語られるものではないというのが、フランクルの視点です。自分がどういう人間となり、どういう生き方をするかという自分の可能性は、常に開かれた流動的な問いです。人間は自分の人生に対し、常に別の視点から見る可能性に開かれ、他の人に対して自分がどう向き合うのか、あるいは自分のどうしてもやっておきたい課題をどう実現するのか、あるいは直面する状況の中でどういう生き方をするのかなどの問いに対して、人は、人生の舵を別方向に切ることができます。

たとえばフランクルは、カリフォルニア州のサン・クエンティン州立刑務所でインタビューを受けました。インタビューをした人も収監されていた囚人です。そのインタビューの様子は囚人全員に伝えられ、その中には、四日後に死刑執行が予定されていた人も含まれていました。フランクルは、インタビューで、死刑執行を控えたその人へのメッセージを尋ねられました。フランクルは二つの点を伝えています。一つは人生にはその長さにかかわらず意味があること。つまり、人生に意味がないのであれば、長かろうと短かろうとなにもかかわりはない。人生は、その長短にかかわらず意味があること。第二は、人生の意味を見出すことは、生の最期の瞬間でも可能であること。

フランクルはトルストイの『イワン・イリイチの死』を引用しながら「死に直面した時、最期の瞬間まで、最期の息を引き取る直前まで、人は自分の人生に意味をみいだすことはできる」（2014、54ページ）と訴えました。

トルストイのこの物語は、フランクルの言わんとすることをよく著している物語です。控訴院判事イワン・イリイチは、出世に心血を注ぎ社会的に成功を収めた人物ですが、誰に対しても誠実に向き合うことはせず、出世のために適当にあしらいながら生きてきました。彼が病に倒れ死に向き合います。医者も彼がそうしてきたように、適当にあしらい決して患者に誠実に向き合いはしません。死の淵に立って、彼は自分の人生の在り方が間違っていたことを知り人生の在り方に目覚めるという物語です。成功神話がまかり通る世の中で、人生の意味を問う作品です。

人の人生を解くカギ、意味ある人生に転換させるものは、その人も気づいていない場合がほとんどです。まして、その人以外の人には、それが何であるのか、なぜそうなのかまるでわかりません。

人生を真理が隠された秘密の箱だとすれば、そのカギは、その人しか持っていません。自分の人生の扉を開ける鍵は自分しか持っていないのです。その鍵を見つけるのも自分、取り出すのも自分、そして開けるのも自分です。そう考えると、人生の扉の鍵は、内側からかけられているのかもしれません。内側からかけられた鍵は、自分しか開けられません。

フランクルは、セラピストの役割を、目の医者になぞらえています。

「ロゴセラピーは教えることでも説教でもありません。論理的な思考からも道徳的な説教からもはるかに隔たっています。比喩的に言えば、ロゴセラピストの役割は、画家というより目の医者です。画家は自分が見た世界を伝えようとしますが、目の医者は、私たちが世界をありのままに見ることができるようにします。ロゴセラピストの役割は、患者の視界を広げて可能な意味の全範囲に気づき見えるようにすることにあります」（２００６，１１０ページ）

ロゴセラピーにおけるセラピー空間は、相談者が自分の人生への態度、在り方をリセットして、そこに意味が開かれることを助けるようにセットされます。エクササイズは、いずれも本人が大切にしている価値を再発見することに焦点があてられています。この空間は、セラピストが答えを持っていて、相手に教えるとか、相手を治してやるという教化、説得、説教の空間ではありません。

相手の人生の意味を、他人が直接に教えるなど全く有り得ないことです。肉体の病気にしても、病気を治すのは、病人の持っている治癒力であり、その治癒力が、細胞を再生したり、身体のバランスを取り戻したりするわけで、医者も薬も、治癒力に働きかける手助けに過ぎません。

人は、他の人との関係の中で価値を見出すこともあり、自分がなす仕事や事柄の中で価値を見出すこともあります。生きることを半ばあきらめ、立ち上がる力すら失われていることもあります。セラピストはその人がきっかけをつかんだり、鍵を見出すのを助けるだけで、人生という船は、その人が操舵の舵を手にして、初めて自分の人生となります。

操舵の舵を放棄した船は、どんなに手助けをしたとしても、幽霊船になるしかありません。人はその背の形が異なるように、背負っているものも違います。また違っていることで、それぞれの人生には固有の意味と価値が生まれるのです。

ロゴセラピーでは、ソクラテスの対話法を用います。ソクラテスは自分の哲学の方法を助産婦になぞらえて（彼の母は助産婦でした）産婆術とも呼んでいます。助産婦は、妊婦に子供を与えるわけではありません。赤ちゃんは、妊婦のお腹の中にいて、それが生まれるのを助けるだけです。ソクラテスは対話の相手にいろいろな質問をしながら、対話の相手が自ら答えを発見したり、更なる問いに気づいたりすることを手助けしました。

つまり、自分に答えのようなものがあって、物を渡すようにそれを「教える」のではなく、お母さんが胎内に宿している赤ちゃんを産むことを手助けするように、対話の相手の気づき、発見を助けることをしました。

この対話法はセラピーや教育の場でも実際によく使われます。

フランクルにとって、人生の意味は人生への姿勢、生きざまにかかわることで、その人自身の固有の過去と現在、そして未来に対し、その人がどう何を見出し、それにどう取り組むのかという問題です。

自分の人生を半ば放棄した人間が、もう一度自分の人生という船の操舵室に座り、海図と天候を見極めながら航路を決める人となる、これが自分の人生に責任を持ち、意味を取り戻す第一歩です。人は誰でも、自分の人生を愛したいのです。しかしあまりに苦しく、その操舵を放棄せざるを得ない状況があり、あまりに複雑で不可解な人生を扱いきれないことが多々あります。つまり誰一人確たる答えのない人生を生きざるを得ないという矛盾の中に生は存在します。

フランクル自身が、飢餓と過酷な労働、死を意味するガス室と隣り合わせで問うたのが、それでも人生に生きる意味があるのかという問いです。

彼の究極的な答えは、人間が存在すること、生きることそのものが意味を現象化すること、意味を実現し開示していく過程であるということです。端的に言えば生きることに意味があるが、その意味が何であるかはその人固有のものとしてあり、その人のみが見出し得るということです。漆黒の暗闇であればこそ、かすかな光でも自分を照らす光となり、人生を照らします。比喩的に言えば、自分自身の中に光を見出し、自分が光となるということかもしれません。

フランクルが繰り返し語っているのは、人は、たとえどんな状況でも、たとえ統合失調症などを生涯抱えながら生きていても、自分自身の人生を照らす意味という灯火を見出した時、生きることができるということです。

2-5　人生の意味は信仰によらない

人生の意味を求めて宗教にたどり着く人も少なくありません。宗教はそれなりの生きる指針を与え、人生と世界を解釈するための枠組みを提供します。探求の果てにある特定の宗教に至った人にとっては「これこそが真理だ！　これこそが人生に意味を与える教えだ！」と信仰こそが人生に意味を与えるものであって、その信仰がなければ人生は意味あるものにならないと確信します。

自分が人生の無意味さ、不条理に苦しんだ挙句そこに到達した人にとって、それは闇夜をあてもなくさまよい、倒れた時に見えた光のように、自分の人生を照らしてくれた灯火です。そこに行きつくまでにもがいた経験と苦悩が深ければ深いほど、出会った教えは大きいものに感じます。自分が苦しんだ分だけ、同じように求めている人にその教えを分かち与えたいと思うのは自然のことです。

しかし、どれほどそのインパクトが大きかったとしても、その信仰がなければ人生が意味あるものにならないと即断することはできません。意味への問いの次元は、宗教の選択の次元よりもより根本的なレベルに位置しています。「意味への問い」は、言語の理解、科学的発見、宗教的探究を含むあらゆる人間の活動と営みの根底にあり、人間の存在そのもの、人間として生きることそのものの問いです。人は常に自分の存在の意味を解釈しながら存在しています。

宗教信仰において宗教一般などというものは存在しません。ちょうど動物一般などというものが存在しないと同じです。宗教において実際に在るのは、無数の特定の物語です。人はどの物語（宗教）を受け入れ、どれを拒否するかも「意味をなすかどうか」を基準にしています。たとえ宗教そのものをやめたとしても、人生への意味の問いは残ります。

それぞれの宗教は、特定の物語を提供することによって、その中で人間を位置づけ人生について語ります。その物語は、科学が語らない死後の世界や運命、神秘などおよそ人間が想像できるあらゆる事柄を網羅し、まるで見てきたかのように知らない世界あるいは知り得ない世界について語ります。宗教の物語は真偽が確証できない（確かさは常に暫定的なものにとどまるという意味）という特徴があります。

真偽が確証できないがゆえに、無数の物語が語られ、相互に全く矛盾する物語がそのまま信じられるという信仰の乱立状態が生まれます。そして、それは昔も今も同じです。

真理には、真理を真理とする基準が複数ありますが、真理の判断は常に暫定的なものにとどまります。科学は真理の暫定性への自覚がありますが、宗教の場合、その教説の絶対性を主張して、暫定性に無自覚なものがたくさんあり手つかず状態です。

たとえば、輪廻転生があるのかどうかという問いに対し、答えの真偽を確証する方法はありません。宗教の教えは、物語性の濃い物語であるというのが適切だと思います。科学にも物語性、解釈の次元はありますが、物語性が宗教ほど濃くはありません。

では、全ての物語が宗教なのかというとそうでもありません。人間にかかわる最も本質的で不可欠な問いの中で、不可解で確証不能な事柄に対し、一つの特定の物語を語るという形で、宗教は存在します。ですから、その真偽をはかる基準は、真偽そのものではなく、それがどういう意味を持っているのか、人の人生に何をどう答え、それがどういう意味をもたらすのかというインパクトだと思います。いうなれば一つの神、仏の物語に、人は自分の人生の物語を重ね、そこに意味を見出すことによってその物語を真として受け入れるということでしょう。

問題は、その特定の物語でなければ人生に意味を与えないのかという点です。

フランクルは、メイヤー（Augustine Meier）の学位論文（Frankl's "will to meaning" as measured by the purpose in life test in relation to age and sex differences , 1973, University of Ottawa）に言及しながら、宗派の違いや宗教信仰のあるなしと、人生に意味を見出すことに関連がないことを指摘しています。

「最も重要なことは、人生には無条件に意味があることを認識することは、その人が宗教的か否かということにはよらないということです。（中略）これはオーガスティン・メイヤーの見出したことと完全に一致しています。彼の研究は『教育程度と宗教との関わりは、PIL（著者注 Purpose in Life 人が人生に意味や目的を感じているかどうかをはかる心理学で使われるテスト）のスコアと関連がないことを示している』」（2000，131ページ）

つまり、特定の宗教の物語のみが人生に意味を与えるのではなく、それぞれの物語が、それが宗教の物語であろうと非宗教的な世界観、人生観であろうと、人生を意味あるものにすることに変わりはないということです。ここで重要なことは、人生に意味を与える価値は、特定の宗教の独占事項ではないという点です。価値や意味の源泉は、人間そのもの、人生そのものに属しているものであり、その人が何を信じているかには無関係に、あるいはそれ以前に在るものであるという点です。

信仰者は得てして神や信仰そのものが価値の源泉であると思いがちです。そこから、信仰を否定する者、あるいはその信仰グループの宗教権威者（教祖）を否定する者は、愛、平和、正義、善などの普遍的な価値、人間的価値そのものを否定する反・価値の存在だとみなしがちです。

万人への平等、変わらぬ愛と許し、平和を説いている宗教が、反対者や競合する教派、分派には恐ろしく冷淡で時には非人間的行為にも及べる背景には、価値の源泉を信仰システムに置いているという価値観の仕組みがあるからです。

フランクルは、人生の意味や価値を、いったん信仰から切断します。それは信仰とは無関係に、人間であることそのものに、人生そのものに意味と価値があるという洞察です。逆に、もし人間や人生に意味や価値がなかったとしたら、そもそも宗教に意味があるのかということでもあります。

人生への意味の次元が、信仰以前にあるというフランクルの洞察は、全ての信仰あるいは世界観に開かれています。もし、人生の意味が特定の信仰や世界観に依存しているものならば、その信仰をもたなければ、人は人生に絶望し、無意味な人生に苦しまねばならないことになります。独断的な信仰者は得てして、その特定の信仰によらなければ人生は無意味になるという乱暴な信仰をもっています。フランクルは、意味と信仰の次元の違いを明らかにすることによって、信仰や世界観に依存せずに、しかも、その人がもつ信仰、世界観を受け入れる開かれた空間を提示しました。

フランクルは、人生の意味が信仰や世界観を選ぶ以前に、その選択にかかわらず存在し、それが選択を可能にする条件であると見ています。意味の次元があり、意味を問う指向性があるが故に、人は、自分なりに人生や世界をみる見方、世界観をそれが意味をなすかどうかで判断し、自分のものとして取り入れたり拒否したりします。

人生に意味があり、そこに一つの物語を提供し、その人なりに自分の人生を解釈する手助けをするのが、宗教の物語の役割だと言えるでしょう。だから、それはその人にとって助けになるかどうかということで、異なる宗教の物語は、異なった意味を与えるということです。意味というものは、何か物のように独立して存在するものではなく、文脈（重ね合わせる物語）に依存しています。複数の物語を重ね合わせてみれば、その人の人生に多重の意味が現れます。宗教は一つの文脈（物語）

であり、人は宗教を信じることで、その物語の主人公となるということです。意味への指向が根源的だということは、人は「宗教信仰を別のものに変えることができるが、意味への指向は変わらずその前提として残っている」ということを意味します。

フランクルの試みは、そうした人間の根源的な意味への指向性をしっかりととらえ、そこから思想や信仰に依存しない意味ある人生をもたらす人間の在り方、生き方を模索するというものです。ただし、人がある信仰を自分の人生の糧として得た時は、フランクルはその人の選択を尊重します。なぜなら、その人がなぜ、何を、どう信じたかは、その人なりの理由と背景があるわけで、人生の物語をどう紡いでゆくかがその人の責任であるように、どういう物語を選択したかはその人の選択です。そうすることで、その人生がその人のものになるのですから。

2–6 人生の意味は、個人の人生にそって現れる

価値ある人生にする自分の在り方

人生の意味をめぐる問いには、人間の価値、その存在の意味の源泉をどこに置くのかという問いが絡んでいます。フランクルは、一人一人が「どうあなたは生きるのか？ どんな人間として生きるのか？」という問いに答えることによって、意味があらわになっていくと言います。

その意味で、一人一人は自分の人生の意味を問い、自分の人生に対して答えてゆく責任がありま す。人生の意味は、このように常に「自分の人生の意味」としてあらわれます。私以外のすべての人がどのように生きていようと、私の人生の意味への問いは、私自身がそれに答えない限りいつまでもそこに残ります。

フランクルは、人は三つのかたちで価値を生み出すことができるといい、それを「創造的、経験的、態度における価値」と名付け、それが「人生に意味を見出す在り方だと指摘しています。

「私は価値を創造的、経験的、そして態度における価値にわけました。これは人生に意味を見出す三つの主要なありかたです。第一は、自分がその創造的な活動によって世界に何かを与えることによって。第二は、出会いや経験を通じて自分が世界から何かを得ることによるもの。そして、第三は、人が自分でもどうすることもできない運命的な困難に直面した時にその人がとる態度によるものです。人は、たとえ創造的、経験的価値を生み出せなくても、苦しみに向きあう真摯な態度をとることによって意味を実現するように求められています」（2014，49ページ）

「創造的価値」とは、自分が他の人や社会に何かを与えることであり、仕事や活動がそれにあたります。たとえば自分が食堂で働いたとします。このとき「自分が儲けるために人を利用するだけさ」と思ってやるのと、「健康に良く人に喜んでもらえる料理を提供し、気持ちよく食べてもらおう」と思ってやるのは、同じ行動でも、その意味が全く違います。人の人生を豊かにしようと心掛けることで、逆に自分の行為に価値が生まれ、自分の人生が意味あるものになるということです。

「経験的価値」は、文字通り新しい発見をして驚いたり、心が躍るような経験をしたりすることです。フランクルは、強制収容所の生活の中で、今まで見たことも経験したこともないような自然の美しさを感じたと述べています。見過ごしている小さなことに大きな感動を得たり、なにげない人の好意に忘れがたい経験をすることもあるのです。また学ぶことは発見の連続でもあり、物事を深く経験させてくれます。同じ時間を過ごしても、経験に奥行きや濃さがうまれることにより人生は豊かになります。広がりや深さを与えることにより、経験は、人生を意味においても価値においても豊かなものにしてくれます。

人は、人生において、思いもよらない不幸や苦悩に直面することがあります。フランクルが悲劇的三要素と呼ぶ「苦悩、死、罪」は人を絶望のどん底に叩き込むことがあり、立ち上がることすら難しいほど生きる気力を奪います。「態度における価値」は、そうした苦しみ、不条理、やりきれない状況において、自分の向き合い方で人生が意味あるものに転換するということを指しています。人生における不条理、苦しみにかんがみて、フランクルはこの「態度における価値」、人生に向き合う姿勢の転換を重視しています。それは、絶望から希望に転換する基軸であり、その鍵は、自己超越です。先のセクションでも書きましたが、もう一度記しておきます。

苦しみは、人をそこに縛り付けます。「苦しい自分」から解き放たれるには、自分の中にある「自分を超越する、越える力」に目覚めることです。ちょうど身体の傷を癒す力が自分の身体に備わっているように、人間は、自分を超えさせる力が自分に備わっていて、その力はその人が自分を超えてゆく（自己超越）のを助けます。それによってどう考えても無意味だとしか思えない苦しみも、意味ある経験となり人は人生を力強く希望を持って生きることができます。自分の人生に意味を見出すことは、死の瞬間まで可能だということをフランクルは繰り返し指摘しています。

そして、どういう意味が、どんな形で現れ、現実化するかについて、フランクルは三つのやり方を提示します。第一に、その人が自分の人生にどう向き合うかという人生への向き合い方。第二に、その人をとりまく現状をどう見るか。そして第三に、宗教信仰を含む世界観との関わりをどう見るかです。

第一の要因は、自分が自分の人生にどう向き合うかという姿勢で、フランクルはこれを「態度における価値」（attitudinal value）と呼び、これに最重点を置いています。

人は、自分の人生を見つめた時、一つの覚醒、気づきを通して無意味と思えていた自分の人生に意味を見出すことがあり、その可能性は、死ぬ直前でもあり得ます。

フランクルは言います。「不治の病や事故で普通の生活が不可能になった人たち、死を目前にした病人や死刑囚、ホスピスで死を待つ老人など、人間に降りかかる避けがたい苦しみや不自由の真っただ中においても、愛情や良心、思いやりをもって人や物事に接したときに、苦悩を超越する自分に気づくことがあります。それが何なのか、誰に対してなのか、どのような事なのかはその人しかわかりませんが、その自己超越、自分への固執、苦悩そのものへの固執から解き放たれたとき人生に向き合う自分の態度が変わっていることに気づきます…」と。

フランクルは、とくに愛と良心にその自己超越の力をみています。ナチの収容所で、看守や囚人の小さな思いやりが、忘れがたいインパクトを与えたように、きっかけはほんの小さなことかもしれません。小さな石で人はつまづくことがあるように、小さな思いやりや気づきが人生を転換することもあるわけです。繁栄や幸運が人生を意味あるものにするわけではないように、不運や失敗が人生を無意味なものにするわけではない、というフランクルの洞察がここにあります。

自分の生きる状況

人生の意味にかかわる第二の要因は、一人一人が置かれた現実の具体的な状況です。その人にとって誰が、何が、どういう意味を、どんな重要性をもっているのかは、一人一人違います。しかし、人は単独で生きているわけではありません。幾重にも重なった共同体の中で生き、他の人の人生と自分の人生とが織りなしながら生を営んでいます。

自分の人生が、自分だけで存在していないことは、以下のように考えてみるとよくわかります。自分の人生を振り返り、そこから自分以外の人をすべて取り去ってみてください。きれいさっぱりと、他人の影、他人の痕跡をすべて取り払ってみてください。何が残っていますか？　おそらく何も残らないスカスカの生だと思います。自分の人生の物語というものは、他の人の人生の物語と交叉し、絡み合い、共有しながら織り成しているものです。同様に、自分は、他の人の人生の重要な糸としてその人の人生を織り成しています。

もうひとつ思考実験をしましょう。あなたは、どこに住んでいますか？　肉体は、もちろん住居ですが、自分の存在そのものが「いる」場という意味です。愛する人がたとえば他界して、自分が独りで家に住んでいる場合、空虚さを感じるのはなぜでしょうか？　それは、自分が「住んでいる場」というものが、愛する人の心であったことを示唆しています。いうなれば、人は、誰かの心の中に住んでいて、他の人もまた自分の心の中に、そこを主体的な「場」として存在しているのかもしれません。つまり、自分の存在のありかは他の人の心やその人の人生という文脈の中にあり、他の人の存在の場は、私の心や私の人生という文脈の中にあるのでしょう。

一般的な形でいいますと、一つのもの、ことの意味というものは、それ自身で単独に存在しているる（そんなものはないのですが）物体のように在るわけではなく、全体（文脈）と個（そのもの）の関係の中に存在し、現象化します。単語は、フレーズとなり、文となり、またその言葉が話された状況等の複数のコンテクスト（文脈・全体）の中で、その（単語の）意味が決まっていきます。物語でいえば、場面があり、語る人と相手があり、さらに章があり、物語の全体の文脈が構成されます。

このように人生の意味は、一人一人の固有性、その人の置かれた状況、そしてその人がそれをどう受け止め、どう対してゆくかという自主的な判断と行為など、幾重にも重なった固有の文脈の中で意味を持ってくるものです。人生そのものがそうした固有のその人だけの文脈から成り立った物語です。たとえば第二次大戦中のドイツで、その人がユダヤ人であるか、若いドイツ人であるかは、同じ状況下にいても、その状況への関わりが全く変わってきます。逆に、その状況が、終戦後であれば、全く異なった関係が生まれます。文脈は、幾重にも重なっており、この具体的な状況と個人の関わりを抜きにして、人の在り方、生き方を考えることはできません。

このように状況は個別化しており、そこにいる人々も異なった人々です。その為、人生の意味とは、一人一人が自分の人生に、その個別の状況の中で答えてゆくものである、というのがフランクルの考えです。

そしてこうしたユニークな一人一人の人生が、他の人の人生を織り成す糸となり、他の人の存在が自分の人生を織り成したりしながら、共感したり共に楽しんだり、苦労を分かち合ったり、時には人の手助けをしたりしながら私たちは生きています。自分の人生が、自分にとってかけがえのないものであるように、かかわった人々にとっても、あなたの存在と人生は、かけがえのないものであるという事実があります。

人は、集団で見るべきか

私たちは、往々にして人間をグループ分けしてみます。しかし、フランクルは人間を一人一人の人と見て、集団的な見方を退けます。大戦直後のヨーロッパでも、フランクルはその見方を貫きました。

戦後、ヨーロッパではドイツ人の「集団的な罪」を追求する糾弾の嵐が吹き荒れていました。誰もがそれを疑わない社会の動向に、フランクルは真っ向から立ち向かい、戦後自分が所長を務めた精神病院においてもユダヤ人、ドイツ人を問わず雇い入れました。そのことがフランクルへの非難を喚起することになったのですが、フランクルは揺るぎませんでした。『自伝』の中でフランクルは「集団的罪」（collective guilt, 2000, 102〜103ページ）のタイトルで「集団的罪という概念を提起している人たちは誤っている。私はことあるごとにこの考えと戦ってきた」と記しています。

フランクルは､自分の収監されていた収容所における一人のナチの収容所長について、そのエピソードを書いています。

「私が解放された強制収容所の責任者だったナチの男がいました。解放後、収容所の医師（彼自身も囚人である。作者注フランクルも収容所で医師をしていたことがある）だけが知っていることについて耳にしました。この男は、かなりの自費を使って近隣の村で薬を買い囚人に与えていたのでした。この物語は続きがあり、解放後、ユダヤ人の囚人はこの男を隠し、もしアメリカの司令官がこの男を傷つけないと約束すればその男を差し出すと通告し、アメリカの司令官が約束すると、元の囚人たちはこのナチの男を当局に差し出し、司令官は、この男に近隣の村から食物や衣服を私達に調達する責任を任せました」(2000，103ページ)。

フランクルは、人生には個人がどうすることもできない、抗《あらが》い難い運命的な要素がある点を指摘しています。たとえば、第二次大戦下のドイツで、その人が心身健康なドイツ人の青年だったとします。その時その人には、ナチスの軍隊に入らないという選択肢はありません。ドイツ人であったということにおいて、歴史のうねりが人を飲み込んでゆくという状況があり、個人の選択や自由は、その現実により制限されます。

個人の選択というものは制限された中での選択であり、全く異なった状況や立場、文脈では論じきれないものがあります。フランクルが言う個人の選択の自由というものは、無制限な、いわば文脈を無視した自由ということではありません。それゆえにこそ、その人の選択は、その人の置かれた状況の中で、その人が選ぶ自由です。フランクルは、迫りくる状況によって通常ではありえない選択もあることを自分と妻の関係で述べています。

フランクルと妻ティリーがアウシュヴィッツ強制収容所に連行された時のことです。「男と女がグループに分けられた時、何の誤解の余地もないように、私は最も強くはっきりとこう言いました。

『ティリー、どんな犠牲を払っても生き残ってくれ。わかった？　どんな犠牲を払っても！』私が言ったのは、もし彼女が性的な犠牲を払わなければ生き残れない時は、私のことは考えずにそうしてくれと願ったからです」（２０００，90ページ）

フランクルは、戦後、かつて同僚だったドイツ人医師を自分のアパートにかくまったと記しています。その医師は、戦時中、ヒトラーの青年組織からメダルをもらったことがあり、ナチ組織からメダルを授与された者は、戦後の裁判では自動的に特別裁判にかけられ、その特別法廷では、処刑か釈放かの二者択一の判決を受ける仕組みでした。フランクルはあえてこのドイツ人医師をかくまったのです。ナチスがユダヤ人を色分けして排斥したことが誤りであるのと同じ理由で、戦後、ドイツ人を色分けして排斥する（集団的罪の概念は、そのために使われた）ことも誤りであることをフランクルは公言し、自ら実行しました。

フランクルは、人生の決断、選択は、その状況に立ったその人でしかわからないことがあり、人生の意味は、そうした一人一人の人生に向き合ってみなければわからない点を指摘します。言い換えれば、一人一人へのまなざしが欠如した視点は、人生の意味を正しくとらえられないということです。

人間を大雑把なグループ分けで見ていく視点は、意味の本質に属する文脈性を欠いた滑った思考にならざるを得ません。一人一人の人生、一人一人の状況と運命的要素、できることとできないことなど、人間を複数の視点から見つめ、一人一人を見つめてゆくフランクルの視点に、彼の暖かい思いやりとまなざしを感じます。人間をグループでみていく集団的視点は、こうした視点が欠けています。

フランクルは、愛は一人一人に向き合う視点によって育ち、良心は一つ一つの個別の状況を見て取る視点によって働くといいます。人間の集団的色分けという視点は、愛や良心が育つ基盤である個別性への視点を覆い隠してしまうものです。

宗教信仰における価値的グループ思考

宗教的信仰、イデオロギーも、集団的な色分けのベースとなることがあります。宗教に基づくグループ、共同体、組織は価値観を共有するために、その信仰をもとにしたアイデンティティーを持ち、そこに共同体感情が生まれることは自然の成り行きです。

教派主義の中には、その教えのみが究極の真理であり、他の信仰は誤っているという排他的優越性を特徴としてもっているものが少なくありません。その多くは、排他的な教派主義を中核にして他の信仰との差別化をはかり自派の卓越性をアピールしています。その信仰は、信じる者に一種の選民意識を与え、信者は「私たちはその真理性を知る選ばれた人たち、特別の恩恵にあずかった幸運な人々」という自覚を持っていますが、一般の人たちが想像するよりもはるかに強烈にその信仰をもっています。教派間、宗教間の対立闘争（法廷闘争、物理的暴力を問わず）が苛烈を極めるのは、その背景に、選民意識的な価値感情の激突があるからです。

旧約聖書（ヘブル聖書）には、イスラエル民族が神から「選ばれた選民」であるということが繰り返し語られ「神の選びによる信仰」つまり、自分が信仰を「もった」のではなく、神がその人を「選んだ」という思想はキリスト教にも受け継がれており「選ばれた」という特別感、それにあずかることのできる「特別な人間」という価値感情は、陰謀理論の支持者、マルクス主義の革命家、熱狂的な宗教信者などにも共通してみられます。そこには、その妥当性は別にして、価値的な優越感が伴っています。それがなければ倦怠と惰性が蔓延する日常の中で、その選民感、優越感は、人にその倦怠を突破して、いきいきと生きることのできる使命感、目的感を与えてくれます。その高揚感、生命が湧きたつ感情は、他の場所では得られない特別なもので「秘密を知った」という神秘的な感情、特別感が伴っています。いいかえれば、人は、その特別感、価値感情に「酔う」のです。

マルクスは、資本論の中で「宗教はアヘンだ」と言いましたが、マルクス主義を含むイデオロギー、熱狂的な宗教、陰謀理論には、人を「酔わせる」魅力、あるいは魔力があります。人生の意味という視点で見ると、それは価値感情による生の高揚感でしょう。手放しがたいのは、その生命の高揚感であり、自分の人生への価値感情です。イデオロギーの信奉者がすべて宗教的熱狂に陶酔するわけではありませんが、ある種の宗教的興奮がそれを引き付ける要因になっていることは確かです。

そして、この価値感情を共有することにより、個人は新しいアイデンティティーを獲得し、その感情は共同体の意識の中に根を下ろします。

教派主義に関していえば、排他的な優越感情は特権意識を与え、その結果、その信仰集団とそれ以外の人々というグループ分けが成立します。しかも、基本的な価値、善、愛、平等、平和、正義等の価値が宗教教義によって規定されており、信仰システム（あるいは神）が価値の源泉とみなされているため、その信仰を否定したり、その教派の宗教的権威者を否定する者に対しては、愛、平和、正義、善などの基本的価値を否定する反–価値的な人間であるというレッテルが貼られます。

つまり、その宗派の教えとグループの権威者にどういう態度をとるかということが、その人間を判断する価値基準になります。簡単に言えば、その教派の信仰と宗教権威者に、少なくとも反対しないということが、色分けの基準になります。

この教派至上主義の人間観と、フランクルの人間観は本質的な点で異なっています。教派主義は、信仰に組み込まれた価値観を唯一の価値の源泉とするため、人間の価値は、この信仰を前提にしてそこから導き出されます。そこから信仰とグループの権威者を否定する者を価値に反対する人、普遍的価値の破壊者とみる視点が生まれます。グループの信仰を信じる者、少なくとも反対しない者は、逆に、価値の擁護者、推進者という見方があり、信仰を持つだけで価値が認められるという信仰至上主義的な価値観が生まれます。

フランクルにとって、人間の価値と意味は、全ての価値と意味を可能にする前提条件です。人は宗教や世界観をその人なりに選択しますが、何を信じるかによって、その人の意味や価値が変わるものではありません。人生に究極的に意味があるが故に、信仰や世界観が意味をもつのであってその逆ではありません。

何かを信じることで、その人が良い人間になるわけでもなく、信じないから悪い人間になるわけでもありません。フランクルは『自伝』の中で、フランクルの従弟を自分のアパートに隠し続けたフランス人のカトリックの婦人のこと、自分にことあれば食べ物を与えてくれた社会主義者の弁護士のことを記しています（2000，101ページ）。人は、その人の信仰や、世界観によってはかられるものではなく、その人がどう人に接し、どう行動するかが問われるとフランクルは見ます。既に述べましたが、フランクルは、人間には二通りの人間、人間としての品位を保っているまともな人（descent man）と卑劣な人、まともでない人（indecent man）の二通りがあることを繰り返し述べています。彼は、この二種類の人が、どの集団にも、どのグループにもいるといいます。

その人が何を信じているかということは、その人がどういう人であるかということとはかかわりがありません。信じることだけで価値が生まれるのならば、精神病院には、自分が神の使いだと信じている患者がたくさんいます。精神疾患を患っているからといってその人の価値がなくなるわけではありませんが「信じる」ことがそのままその人のひととなりに直結すると考えるのは短絡的です。信仰でもなく、世界観でもなく、どのグループに属しているかでもなく、人はその人自身を見なければならないというのが、フランクルの視点の基本です。

愛や善を語るが故に、語るだけ、信じるだけで自分を善人だと思い込む信仰者は多いのですが、逆に、その人の行為と生きざまから、むしろその人の人間性と信仰がはかられると考える方が妥当だと思います。

フランクルは、さらに単に教義や世界観への信仰のみで、愛や良心、価値が現実化したり働いたりするわけではなく、人間ひとりひとりの人生に寄り添い、自分がそれを生きることによってのみ現実化すると言います。つまり一人一人の人生という場を失うと、愛や良心、普遍的な価値も抽象的、概念的なものにとどまり、さらに信仰中心主義は、信じるだけでその価値が実現したと思い込む一種の錯覚にほかなりません。

愛と良心は一人一人に向き合うことではたらく

人生の意味が現れる場は個人の人生であることに変わりありません。それは、個人の人生そのもの、存在そのものが意味として在るからです。この視点を失うと、あたかも世界観が人生の意味をもたらすという錯覚に陥ります。

一人一人の人生に意味があり、人間が意味として存在するが故に、世界観も信仰も、その解釈として意味をもつのであって、その逆ではありません。信仰への忠誠から非人道的な行為ができるのは、価値のベースである人間への視点が欠落し、その結果、愛と良心が抽象的な観念となり、人間への共感力が失われたからにほかなりません。

「愛というものは、他の人をユニークな存在として見ることを可能にするものです。良心は、状況のもつユニークなあり方をとらえることを可能にするものです。最終的な分析の結果、意味というものはユニークなものだということです。一人一人の人がみなそうです。究極的に一人一人の人はかけがえがないものであり、他の人にとってはそうでなくても、愛する人にとってはそうなのです」（２０１４，６ページ）。

2‐7　過去にどう向き合うか

人間は価値を生む可能性として存在する

「人間はどう生きるべきか」という問いが、フランクルの人生への姿勢の中心にあります。この問いは、人が「人生の意味」を問う自分の人生に対し、そのつど行動と姿勢で答えていく責任があるという洞察から生まれます。

人は、生きざま、生きる姿勢、価値を経験し生み出すことができる可能性をもって存在しています。正確にいえば、そうした可能性として存在し、生きています。物理的な物体として存在し、それが何かの可能性をもっているというのではなく、人間は、ああしてみよう、こうしてみよう、こんなこともどうかなと思いめぐらし、やってみることができる可能性として存在しています。つまり、生きているということは可能性として存在しているという意味です。そして自分がそれを決断し、責任をもって引き受けることによって、人生は自分のもの、「自分の人生」になります。

さらに「生きている」ということを「意味」の視点から見ると「価値を生む可能性として存在している」ということです。そうなりますと「私は、今、何をなしうるのか、何をなすべきか」という現在における自分の決断を迫る問いとして、自分の視点は現在に向けられます。生きているという事実は、常に現在形の事実です。

「人生のはかなさに直面して、人間にはこの過ぎ去ってゆく機会をもちいて価値を実現する責任があります。創造的価値、経験的価値あるいは態度的価値を問わず。言い換えれば、人は何をするか、誰を愛するか、そしてどう苦しみに対するかということに責任があります。ひとたび価値を実現し、意味を実現すれば、それを永遠に実現したことになります」（２０１４，52ページ）。

過去は価値を保存する場

フランクルの過去への向き合い方、過去というものに対する理解は、この価値実現という視点を軸に組み立てられています。過去は実現した価値を永久に保つ場であるという点です。この視点は、人生のはかなさに直面した時にとくに重要です。

フランクルは自分がカウンセリングした一人の老婦人のことを書いています。年老いて死を目前にした婦人が、この世をまもなく去る自分の姿を見ながら、やるせない寂しさと生のはかなさに直面しデプレッション（うつ病）に陥っていました。その時フランクルは、婦人が、それまでに刻んだ数々の人生の思い出に目をやり、それが過去という場に、永遠に残されていることを指摘しました（２０１４，89～１０２ページ）。

人間は、思い起こせば、必ず自分でも大切にしている想い出、価値のあることがあるはずです。自分が生きてきたということ自体が、奇跡のようなことかもしれません。価値の視点で見た時に、自分の過去は、貴重な保存の場として浮かび上がります。

言い換えると、価値という視点で過去の人生を見た時に、過去の存在の意味が、価値の保存の場として浮かび上がるということです。人間が生きていることが可能性であるということは、過去にもあてはまります。過去の意味が、自分の人生への向き合い方で変わるということです。

以前のセクションで、ロゴセラピーの山岳のエクササイズを紹介しましたが、自分の人生を助けてくれた人々、その助けが忘れがたい思い出として、それが今も想いおこされるということは、それが自分の人生に刻み込まれた「貴重な想い出」であり、それは誰も取り除くことはできません。

「貴重な事柄、経験を大切にする」という価値の視点に立って自分の過去に向き合ってみると、その事実が、自分の人生を照らしている光のようなものだと気づきます。いいかえれば現在の自分は、そうした過去の貴重な光によって導かれて、初めてできたものだとも言えます。過去は、そうした光源としての価値を永遠に保存する場であるというのがフランクルの視点です。

過去をめぐる「もしも…」神話

では、自分の生きてきた人生が、とんでもない間違いだったと思った場合は、どうでしょうか?時が価値の保存の場であるということは、裏返せば、時が取り戻せない場でもあるということです。

たとえば宗教運動に自分の青春時代をすべて捧げて、気が付いたら「とんでもない絵空事にうつつを抜かしていたと気づいた」という場合です。信者にとっては意味あることも、その信仰とは別の視点に立てば「夢を見ていたような時間」に思えます。場合によっては、自分の生涯のほぼすべてを費やし、気が付いたときはもう引退の年だったという場合もあります。十年、二十年、時には五十年近く献身した人もいます。

その人がその宗教運動に人生を賭けて生きた場合、どうその過去に向き合うかという問題は、その人の信仰への関わり、態度によって違ってきます。そのバリエーションによって、向き合い方も変わってきます。宗教運動の中で、結婚相手も選ばれてそれを天意として受け入れた人の場合、相手の選択も含めて、結婚そのものも問いに付されます。結婚がうまくいっていなかった場合、結婚の問いが宗教への問いへと向かい、問いは先鋭になります。

宗教二世の場合は（親を選べないために）選択の余地もなくその信仰の中で規定された価値観で生きることを余儀なくされます。そこには自分から宗教に飛び込んだ一世とは異なった状況があります。信仰による価値観と学校や会社における価値観のギャップは、成長期の子供にのしかかり、しかもそのギャップに対し、肝心の親も、信仰の母体である教会も全く無理解であるために、子供に抱えきれない重荷を背負わせます。

宗教とどう向き合うかという問題は、宗教とはそもそも何なのかという問いと共に、後に検討したいと思いますが、信仰二世の抱える、というより選択の余地なく負わされた問題は、そこまで踏み込まないと解けない問題です。教派信仰の問題点がそのまま親の信仰として現れ、しかも誰も問題視するわけでもなく、気づくわけでもなく、その問題点を二世が背負わされたというのが二世問題の本質だと私は思います。

宗教に深くかかわって生きた人にとって、宗教に献身した過去に向き合うということは、自分のアイデンティティー、結婚そのもの、人々との関わりが全て問いとして突きつけられることを意味しています。言いかえると自分の過去に向き合うためには、現在と過去における自分の宗教への向き合い方の違いに応じて、異なった折り合いをつける必要があります。何をどう折り合いをつけるのかは、一人一人の事情と状況に応じてみる必要があります。

宗教信仰は、一つ一つが特定の物語です。自分がその信仰の中で生きた時間は、その物語が解釈の枠組みとしてその意味を規定しています。信仰者が、たとえばその信仰から距離を置いた場合、果たして自分が献身した時間、自分がなしたことに意味があったのかという問いが浮かびます。

フランクルは、人間の存在そのもの、生きるということは、意味として存在することだと見ます。価値や意味は、その生き様、生きる姿勢、そして経験から見出した価値、真実に生きたその生きる姿勢そのものが価値を持っていると見ます。以前のセクションで、強制収容所の中で、一切れのパンをとっておいてフランクルにくれたナチの看守、囚人のためにひそかに薬を買ってきて与え続けた収容所長のことをあげました。ナチであったことによって、その人生のすべてが否定されるのではなく、そう生きたその人の生きざま、行為が、その人が誰であるかを語り、その行為の意味と価値を告げ知らせています。

フランクルは、こうした人間としての態度、在り方は、特定の信仰以前に、その人が何を信仰しているかという問題とは無関係なところで成立している根本的な事象だと見ています。むろん、そのことによってナチであったことがなくなるわけではないし、収容所長としてユダヤ人をガス室の送ったことが消えるわけではありません。

指摘したいのは、フランクルの視点が、人間個人の生き方という根本事象に向けられ、そこに価値の原点を見ているという点です。その視点は、人が自分の過去を振り返った時に、信仰とは異なった視点で、自分の人生を、自分自身を浮き彫りにします。それは宗教そのものにどう向かうかという問題とは異なる問題です。

自分の過去の時の中から、意味ある生きざま、価値ある行為、良かったと思える事柄をすくい出してみたらどうでしょう。たとえば「自分の人生と他の人々に誠実に向き合い生きてきた」という生きざま、人生と人への向き合い方（態度価値）において、良かったと思えることがすくいあげられるかもしれません。その態度を続けたがために今の自分が在ると思えば、信仰そのものは、その態度価値を促し、後押ししてくれたという点で、意味があったとみることができます。

過去に向き合ううえで、一番の問題は自分自身です。歴史には「もし」がないと言われますが、自分の人生においても「あの時、ああしていれば…こうしていれば…」という「もし」は禁物です。こうした「もしも」という思考は、自分を過去に縛り付け、そこから抜け出せなくする鎖です。過去に選択の自由はありません。自由は、未来を見据えた現在に存在する自由です。

人は、過去を振り返って「もし、あの時こうしていたら…」と考える時、必ず良い方向にむけてその「もし」を考えます。「もし、こうしていたら、もっと良くなったはずだ…」と。しかし、それは妄想で、人生の「もし」は、悪い方向もあります。破滅的な「もし」の選択をしたり、誘惑に引きずられてめちゃくちゃな人生になっていたかもしれませんし、とっくに死んでいたかもしれません。

過去に向けた「もしも」の思考は「あの時別の選択をすれば、もっと良かったはずなのに…」と「良い方向に行くはずだった…」と考えると、過去の人生は「残念な選択をしてしまった…」と悔いとなり、その悔やむ心が自分を沈めます。その悔いが自分の現在と未来を過去のベールで覆ってしまい、あるべき開かれた未来が過去のとばりで覆われてしまいます。

逆にこの「もし…」を悪い方向で考えてみれば、自分の人生は、放蕩で無責任、ずる賢しこくいいかげんなど、今よりももっと悪かったかもしれず、現在の自分は存在しなかったかもしれません。宗教への献身でいえば、そのおかげでそこそこ破滅は逃れられたと思えるかもしれません。

実際には、良い方向と悪い方向に向かう両方の「もし」があるわけで、よく考えてみれば、自分の選択、過去はそれなりのところに着地点があるのだと思います。落としどころを探るというのは、良い悪いをはかりにかけて自分なりの評価を下すという意味です。それは人によってまちまちです。

自分の過去の物語の解釈は、実は、過去自身によって行われているのではなく、自分の現在の立ち位置と未来への可能性によって行われています。過去が自分を縛っているのではなく、実は、未来の展望がないから、その展望のなさが自分を過去に向けさせ、そこに理由をさがすという思考プロセスをとっています。

フランクルの視点で見れば、過去にとらわれた自分から超越し、過去の「もし」神話から解放されるには、自分の自由、可能性が実は現在と未来からきていることに気づく必要があります。

未来をもう一度見直し、自分の現在の立ち位置を立て直すことによって、その自分の未来の可能性が、過去の「もしも」神話から自分を解放してくれるということです。過去からの解放の鍵は未来に開かれた自分にあります。

書かれるべき人生の次のチャプター

一つ重要な点は人生の新しいチャプターは、常に自分の手の中にあるという点です。既にその一部として葬儀のエクササイズを紹介しましたが、ロゴセラピーのエクササイズの一つに「自分の人生を映画にしたらどんな映画になるか」というものがあります。そこでは自分の過去の物語、未来の物語、そして自分の葬儀に立ち会って自分を振り返る（これは前に紹介しました）という三つのエクササイズをします。

紙とペンを用意してください。

このエクササイズは、軽いノリでやるのがベストです。自分の人生に優しく接することもいいことですから。

あなたのこれまでの人生を映画にするという企画が立ち上がりました。そこで、その映画ですが、どんな映画でしょうか？　一つ一つ考えてみて、紙に書いてください。

1 予算（バジェット）

製作費は低予算の映画か、中ぐらいか、それともお金をかけた作品か？　低予算、中予算、高予算から一つを選んでください。

2 ジャンル

映画のジャンルを選んでください。喜劇か、悲劇か、アドベンチャーか、ホームドラマか、ロマンス？　それともミステリー？　ＳＦ？　どんなジャンルの映画ですか？

3 主演俳優

誰があなたの役を演じますか？　これについてはあなたが選ぶのではなく、あなたのことを知っている家族とか、友人に選んでもらいます。もしその人たちがあなたを演じる主演俳優を選ぶとしたら、誰を選ぶと思いますか？　まわりの人たちの目線で選んだ主演俳優の名前を書いてください。

4 タイトル

映画のタイトルは何ですか？　目を引くようなタイトルを選んでください。

5 売りのフレーズ

タイトルの下に、その映画の売りとなるような、フレーズをつけてください。

どんな映画企画ができましたか？　あなたの人生を描いた物語には、苦しみを乗り越えていったあなたの忍耐、苦しむ人に手を差し伸べたあなたの思いやりや優しさ、誠実な態度と生き方、物事に挑戦するあなたの勇気、つらくても歯を食いしばって家族のために生きたあなたの愛情、いいことも悪いこともいっぱい詰まったドラマがそこにあります。

自分では気づかない貴重な意味や価値が、あなたの人生のドラマにはあったことに気づくと思います。意味の視点で人生を見てゆくと、あなたの過去の人生は貴重なドラマです。失敗や苦しい事の連続であったとしても、意味や価値の視点で見れば、描くに値するドラマです。ここには成功神話、幸福神話とは異なるフランクルの視点が生きています。

さて、あなたの過去を描いた映画は大ヒットだったとします。そこで、あなたの未来を描く映画企画が立ち上がったとします。もう一度、次の項目を決めて紙に書いてください。

1　予算
2　ジャンル
3　主演俳優
4　タイトル

5　売りのフレーズ

どんな企画ができましたか？　そこにはあなたの未来に対する展望が描かれています。どういう人間として生き、何をなし、どう人と自分の人生に向かうのか、あなたの未来の展望です。

そして、最期のエクササイズが葬儀のエクササイズです。繰り返しになりますが、自分の葬式に臨んだとして、紙に二つのことを書いてください。

1　享年　いくつで死んだのですか？（想像）

2　何をやっておけば、自分は生涯をまっとうしたと思えますか？　死から振り返ってみて「自分は人生をまっとうした」と言えるためには、何をしておかなければならないと思いますか？

そこに書かれたことが、あなたがこれからの残された人生でやるべきことです。そして、これがあなたがこれから書くべき人生のチャプターです。自分の死から、自分の人生を見るというエクササイズは、自分の成し遂げたい価値を浮き彫りにします。

過去にどう向き合うかという問題は、フランクルの視点にたつと、これから自分ができること、あるいはやりたいこと、あるいはどうしてもやりたい、やらなければ死ぬに死ねないこと、つまり自分に開かれた可能性、実現しうる価値を軸にして、自分の人生という物語の「次のチャプターを書け！」ということになります。その「やるべきこと」は、自分の過去との向き合い方を自分に教えてくれます。

人生は常にその人に託されたものであり、そこで実現される価値はその人しかできない価値です。その価値により、その物語の展開により、自分の過去の意味が変わり、新しい意味をもって生まれ変わるということになります。端的にいえば、価値の可能性が開き、現在と未来を通して過去に向き合うということです。

もちろん人によって状況は異なります。過去の事情で自分がずたずたになり、もう立ち上がることすらままならない人もいます。前を見ようといっても、見る気力すらない人もいます。過去とどう向き合うかといっても、その人それぞれの状況があります。だから一人一人に向き合い、その人の人生とその人自身に沿ってみなければ、どうしたらいいという具体的な手助けもすることはできません。

しかし、自分は人間であり、今、まだ生きているというぎりぎりの事実は、生きる態度への可能性が開かれていることを意味しています。

フランクルは、この人間の存在の意味という根源的な事象を手掛かりにして、そこから人それぞれの道を探るわけです。彼が、チェスにおいて「最善の駒の進め方」という一般的な答えなど存在しない、「最善の駒のすすめ方」はそれぞれの局面においてのみ語り得るといったのは、人間には、人それぞれの状況の固有性があり、開かれる未来もその道筋も、その人に沿って見極めなければならないということを意味しています。

しかも、人生の意味というものも、その人自身が、その視界の中で見出すものであって、他の誰にも見えないものです。それゆえにこそ、フランクルはロゴセラピストを眼医者になぞらえたわけです。画家が自分の見た世界を相手に示すのとは異なり、眼医者は、相手が見ることができるように手助けをするだけです。人生の意味は、その人の視界に現れるものであって、その他のどこにも現象化する場はありません。フランクルがその人に寄り添うという時、そこにはこうした人生の意味についての洞察がその根底にあります。

第三章　フランクルの哲学

この章ではフランクルの視点をなす哲学的背景について説明します。少しわかりにくい点もあるかと思いますが、哲学に興味のある方には役立つと思います。

3―1　現象学的アプローチ

どう思い込みを避けるか？

哲学で最も重要なことは、どう物事にアプローチするかということです。人間は、自分でも気づかずに特定のものの見方を前提としていることが多くあります。簡単に言えば思い込みです。思い込みがあると、人の言うこともその人が言わんとするところも聞き取れず、自分なりに解釈します。

現象学は、この思い込みを避けて現象そのものに迫ろうという哲学のアプローチです。まず宗教信仰における思い込みの問題を見てみましょう。

宗教信仰には思い込みの要素が濃厚にあり、これが強くなると人の話を聞くのも困難になります。信者は自分の世界、信仰という世界に閉じこもっているために、相手が苦しんでいる時に、その人の状況も、その人の心に抱えていることも、ほぼ完全に素通りしてしまい、全く相手を理解していない状況も生まれかねません。

苦しみはその人固有のものです。できる限りその人にそって理解しようとするという意図的な努力がなければ、人の苦しみに寄り添うことは不可能です。

たとえば信仰二世が、教会の教えと社会の考えのギャップに苦しんでいるとします。宗教は基本的に不確定なことや矛盾をふくんでいるので、疑問や不可解なこと、おかしいと思うことはいくらでもあります。学校生活、友人関係などにそのひずみが波及し、どうしたらいいかわからず子供は悩みます。

ところが信仰を前提にして考える親は、その状況や苦しみを理解しようとするのではなく教義を教え、生活の態度を正すよう説教する場合がほとんどです。皮肉なことに、親自身も、自分の何が問題なのか全く分かっていないし、教会指導者の方はさらに無自覚です。

問題の本質は何かといえば、宗教的思い込みをどうやって脇に置いて、自分の言わんとすることや人の言うことを、相手にそって、物事にそって理解できるようになるかという点です。

フランクルは、研究の早い段階から、思い込みによるものの見え方、とらえ方のゆがみを、どう克服するかという問題に気づいていました。とくに精神科医そのものが依拠している精神分析の理論に備わった思い込みの弊害について、フランクは気づいていました。現実には非常に複雑な精神現象を、特定の原因に単純化する理論は、ありもしない「原因」を作り上げて患者の状態をかえって悪化させる医原病を誘発します。フランクルは、精神医療の理論に伴った独断的な思い込みを回避することを自分の一つの課題としました。

精神疾患の場合、思い込みは患者の側にもありえます。患者事態が様々な思い込みに囚われていて、ありもしないことをあったと錯覚し、それに苦しんでいるということもあるからです。思い込みは医師の側にも患者の側にもあり、そうなると精神現象、さらには現象そのものにどう向き合うべきかという精神医学を超えた哲学的問題が浮かび上がってきます。

そこで登場するのが現象学ですが、フランクルは現象学に問題解決の鍵を見出し、現象学的な精神医学のアプローチを構築しました。それがロゴセラピーです。

現象学の取り組み

哲学では、事象そのものにどう迫り得るのか、どういうアプローチをしたらいいのか、そして哲学の伝統そのものの中にも、そうした誤った前提、思い込みがないのか、あるとすればそれは何であり、どう避けることができるのか等の問題が横たわっており、常に哲学者の脳裏をかすめています。哲学の歴史そのものがこうした適切なアプローチの模索であったともいえます。

哲学の中で、とくにこの問題に先鋭に取り組んだのがフッサール（Edmund Husserl １８５９−１９３８）です。もともとは数学者ですが、哲学において現象そのものを忠実に記述していくためには、思い込みをカッコに入れる必要に気づき、現象学という哲学のアプローチを創始しました。彼は「事象そのものに！」というモットーを掲げ、独自のやり方で現象学の端緒を切り開きました。

フッサールは、前提や思い込みを排除することができるという確信のもとに自分の現象学を組み立てました。禅で「身心脱落して事象そのものを見る」というのは、フッサールの確信に近いものがあります。（フッサールは、意識の操作で前提をカッコにいれることができると思っていたのに対し、禅では、身体的な行為を抜きにしてそれは不可能だという点に両者の違いがあります）

そもそも人間がものを見たり理解したりするときに、何の前提もないなどということが可能なのかという問題があります。この問いは、プラトンが掲げた哲学の可能性の問題にまで遡及します。人間は何らかの形で既に真理との関わりの中にあり、それがなければ問うこともできなければ、たとえ答えらしきものに出会っても「それが真理だ」と判断することもできないということです。

フッサールとの関わりでいえば、フッサールの考えた無前提の知は、果たして可能なのか、理解というものは、全くの無前提で起こることではなく、ある先行する何らかの知を前提とした解釈ではないのかという問題です。

フッサールが自分の後継者として期待していたハイデガー（Martin Heidegger　１８８９−１９７６）でしたが、ハイデガーはフッサールとたもとを分かち、現象学は解釈学的現象学としてのみ可能であるとみました。フッサールが、現象学を「あらゆる前提を除いた知」として規定し、いろいろな前提の上に成り立つ学問の知と峻別した「厳密な学」としての現象学を構想したのに対し、ハイデガーは、無前提の知など存在せず、むしろ知は、先行理解の上に成り立つ解釈であるとみました。

ハイデガーを踏まえて解釈学の在り方をさらに展開したのがガダマー（Hans-Georg Gadamer １８６７-１９２８）です。現象学は、価値との関わりを重視したマックス・シェーラー（Max Scheler １８７４-１９２８）、思惟における身体性の役割をとりあげたメルロ・ポンティ（１９０８-１９６１）など多様な発展を辿ります。

精神医学との関連でいえば、ビンスワンガー（Ludwig Binswanger、１８８１-１９６６）は、フッサールとハイデガーの両方の現象学をもとに現存在分析という精神分析をはじめました。また、ハイデガーは晩年親交のあった精神科医メダルト・ボス（Medard Boss １９０３-１９９０）の招きに応じて、ボスの自宅のあったスイスのツォリコーンで50人ほどの精神科医に対し11年間定期的にセミナーを開き（その内容はツォリコーンセミナーとして知られています）、ボスはハイデガーの現象学をもとに独自の現存在分析をはじめました。

フランクルもハイデガーとの親交はありましたが、むしろ価値や倫理学を軸に現象学を組み立てたマックス・シェーラーの現象学とのつながりがあります。フランクルは、シェーラーと共に哲学的人間学の創始に貢献した社会学者アルノルト・ゲーレン（Arnold Gehlen, １９０４-１９７６）、生物学者アドルフ・ポルトマン（Adolf Portmann、１８９７-１９８２）などの洞察も取り入れています。

しかし、後に述べますように、人間の存在の根源的な問いを存在の意味の問いだと見た点で、フランクルはハイデガーの洞察と共通点があります。

ハイデガーは、存在の意味の問いを哲学の中で問い続けましたが、フランクルは、その問いを人生の意味という形で問い、それを精神医学的実践の中に活かすことを試みました。フランクルは、意味への問いの根源性という洞察を早い時期からもっており、ナチの収容所に収監される前から、人生の意味を中核とした精神分析であるロゴセラピーを構築し実践しています。

フランクルがハイデガーと親交をもったのは第二次大戦後ですが、現象学の流れの中では、フランクルは、フッサールよりも、シェーラーやハイデガーと思想的に近いでしょう。フッサールの現象学は本質主義的な特徴をもっていますが、フランクルの現象学にはそういう傾向は皆無で、むしろ解釈学的です。

現象学の基本姿勢

様々な発展を遂げた現象学ですが、そこに一貫して貫かれているスタンスがあります。それは二点に集約されます。(1)現象に忠実に向かうこと、そして、そのために、(2)思い込み、現象をゆがめる独断的前提を排除するということです。

現象学は、世界についての教説でもなければ、人間についての特定の教義でもありません。それはどのように事象に向かうかというスタンスであり、アプローチです。方法といってもいいのですが、特定の方法をとれば必ずものが見えてくるというわけでもないので、スタンス、アプローチという方が適切です。

ここで一つの問題があります。もし人間の理解が、無前提の知ではなく、何らかの知を前提としているとすると現象への忠実性という現象学のモットーはどうなるのでしょうか？

すでに述べましたようにフッサールは当初、無前提の知として現象学を構想しましたが、ハイデガーが明らかにしたように何らかの知が既に人間にともなっているとするならば、現象学は、現象の在り方に忠実に迫っていくと同時に、人間の根源的な知が何であるかという「根源的な知の解明」に関する課題をもつことになります。いいかえると現象がどうあらわれ、それをどうとらえるかという認識論的な側面と共に、人間の在り方が問われるという実存的な側面、存在論的な側面が問われることになります。つまり、現象学の「事象そのものへ！」というモットーを基本姿勢としながらも、それを追求してゆくと多様な問いが開かれることになります。その多様な問いを仕上げるべく試みた結果、いろいろな現象学が展開されることになりました。

ここで最も重要な点は、思い込み、現象をゆがめる独断的な前提を排除するということです。思い込みは科学理論にもあり、哲学にもあります。当然、宗教には色濃く存在します。宗教では、思い込みと言わずにほぼすべてを「信仰」と呼ぶことで正当化しガードしていますが、もっとしっかりと多角的に分析する必要があると思います。この問題は第四章で検討します。

還元主義への批判

人間の理解は常にある視点（パースペクティブ）からなされるために、必然的に部分的であり限定的で限界があります。限定的だからこそ、常に学び経験を広げ視野を広げるということが人生に生まれ、生きることに創造的な広がりが生まれます。しかし、ある特定の視点を、唯一絶対のものととらえて信じることがあります。今まで出会ったこともない斬新な視点に出会ったとき、それがすべての問題を解決する万能の視点のように思い込むこともあります。こうした独断的な思い込みの中で、多様な現象をある一種類の現象に還元し、その現象から他の現象も説明できると考える立場を還元主義といいます。

一例をあげますと、経済、社会、文化、心理、果ては哲学に至るまでの多様な現象を歴史に還元し、歴史的な視点で、歴史的な要因から説明できるという立場が歴史主義です。同様に、人間と社会のあらゆる現象を、心理現象に還元し、心理的要因からすべての現象を説明しようとするのが心理主義です。

学問にはある程度の自律性があり、それぞれの現象に応じた検証のしかた、厳密さの種類と程度、知識の確かさを決める尺度の設定などがあります。学問共同体は、それぞれの現象に応じて形成されており、学問の区分は、ある程度自立した学問共同体によって支えられています。

還元主義は、特定の現象の優位性とその視点の絶対性を信じる、視点のイデオロギー化です。フッサールは現象学を構想する時に、当時流行していた歴史主義、心理主義を鋭く批判し、こうした還元主義と一線を画す形で現象学を構築しました。還元主義は、学問の世界における独断的な思い込みであり、視点の普遍化、全体化、イデオロギー化です。

現象学の立場にたつフランクルは、精神医学の中での還元主義を鋭く批判しました。精神現象はとても複雑で、その症状が一体どういうものなのか分類するのも容易ではありません。因果関係で特定の原因を特定できるのか、それともその人の受け止め方で症状はどう変わるのか、患者の訴える症状と脳や神経における現象との対応関係があったとしても、果たして神経現象が原因と言えるのか等、不明なことだらけです。

現実には複数の視点から、複数の方法を試みて、患者にあったやり方を探りながら進めてゆくというのが一般的です。

フランクルは、精神医学において、人間の現象を物質的、身体的な現象に還元すること、あるいはそれを心理現象に還元する心理主義などの視点のイデオロギー化に強く反対しました。

時には自暴自棄になり、自傷行為から自殺にまで至る人間の苦悩は、脳や神経などの生理的物質的現象にも、単なる心理現象にも還元できない次元があることを見てとり、フランクルは、意味につながる精神の次元のあることを論じ、身体、心理、精神からなる複数の次元からみる多次元的なアプローチを提起しました。

そこから、フランクルは「人生における意味の発見と実現」ということを軸にして、それを精神医療にとりいれたロゴセラピーを構築したわけです。すべてに効く万能薬など存在しないようにロゴセラピーも万能ではなく、フランクルは薬の使用を含む複数の方法をとることを推奨しています。

還元主義は、精神医学にとどまらず、たとえばフロイトはその精神分析理論を宗教現象にまで拡張して、宗教現象を神経症の一種とみています。フランクルは「彼（著者注　フロイト）は還元主義の被害者となり、ビンスワンガーへの手紙の中で『宗教の場が人類の神経症というカテゴリーであることを見出した』と宣言している」（２０１４，12ページ）と批判し、宗教現象を神経症に還元することに反対しました。フランクルは、宗教が精神衛生に果たす肯定的な役割についてよく認識しています。

イデオロギー化への批判

現象学は、その基本精神からして、当然視点のイデオロギー化を排除します。フランクルは、人間の精神という極めて複雑な現象に対し、現象学の視点を導入することによりあらゆる種類のイデオロギー化を避け、複数の視点を導入する多次元的な解釈理論を提起しました。

イデオロギー化は、特定の視点の全体化、普遍化です。「全体性が主張された瞬間、生物学は生物主義、心理学は心理主義、社会学は社会学主義になる。いいかえれば、その瞬間に科学はイデオロギーとなる」（2014，7ページ）と述べ、フランクルはそれが極端な「単純化」であると指摘しています。

人はある思想や宗教、特定の学問や、そこにおける特定の理論にのめり込むと、それがすべての問題の解決であるかのような思い、錯覚にとらわれることがあります。研究に思い入れは必要ですが、それがすべてだと思い込むと自分の視点の相対性を見ることができなくなり、視点の全体化、普遍化がおこります。視点が全体化すると、その視点が自分がものを見る時の地平、視野のすべてを覆いつくします。

この視点の全体化は理論的に起こるというよりも、その理論、視点への信仰によるものです。信仰が信頼で留まる場合はいいのですが、信仰が独断にかわり、妄想にかわります。つまりイデオロギー化というものは、特定の視点を過信することにより、それが視野の全体を覆いつくし他の視点が見えなくなる一種の盲目化です。視点の客観性を失い、自分の信じていることの限界を見たり、それを正確に批判、評価することができなくなる危険な思惟へののめり込みです。しかも陥ると出るのが難しいという問題が伴います。これは批判的な思考を訓練するはずの学問の世界でも起こりうることです。

そして、当然これは宗教にもあてはまります。宗教は、そのかかわり方に濃淡がありますが、打ち込まないとよくわからないという面があります。自分の信じていることの限界がよくわかっている場合はいいのですが、多くの場合、視点の全体化、完全な投入を求めます。組織的な宗教の場合、教義だけでなく、生活のすべての在り方、人間関係の在り方、さらには死後の問題から、死んだ人への配慮に至るまで、現実と想像が及ぶすべての領野にその視点が行き渡っています。

そのため、その信仰に打ち込んだ場合、出口のない迷路に入ったように、その信仰を批判的に分析する足掛かり、手掛かりが見つからない構造をもっています。宗教は、ある意味で意図的なのめり込み、盲目化にいざなう包括的な物語ともいえます。そのことにより魂のキズが癒え、絶望的な人生と世界に希望を与える営みであるともいえるかもしれません。フランクルは、宗教に対し、こうした肯定的な価値があることを認めており、その点がフロイトと大きく異なるところです。

宗教信仰はそのかかわり方の濃淡だけでなく、物語そのものも多岐にわたります。宗教によっては、自分の教派、自分のグループこそが絶対の真理をもっており、他の信仰は間違いか、無知か、とんでもない世俗主義に毒された教えだという排他的優越性を保持しているものが少なくありません。

フランクルは宗教の価値を認めていますが、排他的教派主義はきっぱりと否定しています。フランクルの宗教観については後述しますが、排他的教派主義への批判は、フランクルの現象学的なアプローチから来ていて、この視点は、彼の真理への洞察にも依拠していますし、宗教観とも関連しています。

排他的教派主義は、視点の全体化、普遍化という誤りを犯し、イデオロギー化したものと見ることができます。フランクルは、優越感—劣等感を人間の根本的なあり方とみたアドラーの心理学を、権力意志を原理にした心理学とみて批判しました。

排他的教派主義は、自分の信仰の絶対的優越性を掲げていますが、この優劣という視点が、宗教組織の権力意志の発露ではないかという問いが浮かびます。権力意志は、効率的な視点、有用—無用という視点でものをみるために、目的であるはずの人間一人一人が手段となります。つまり、人間の物象化（物としてみたり扱ったりすること）がおこり、愛を語りながら非道な事をするという矛盾と偽善化が起こります。

3−2　意味の問いの根源性

意味は、人生を可能にする条件である

人間は物理的存在だけではなく、常に、その存在の意味を解釈しながら存在しています。その意味のあり方によって、人生はこの上なく無意味で虚しいものに思えたり、時には生きることの充実

を感じたりしながら生きています。フランクルは、「意味への問い」を人間がいきいき生きることができる鍵、人が人間らしく生きるための根本条件だとみました。

問題は、この「意味への問い」が、どこから来るのかという点です。人間の存在そのものに備わったこの意味への指向性をフランクルは「意味への意志」（Will to meanings）と呼びました。人間の生の根本原理を快楽（Pleasure）に見たフロイトの理論に対し、フランクルは、その理論が「快楽への意志」（Will to pleasure）をもとにしていると見、優越感―劣等感を軸に人間をみるアドラーの理論は「権力意志」（Will to power）を基礎にしていると見ました。ここでいう意志とは、人間がそう意図するとか、そう意欲するとかという意味ではなく、人間存在の根本的な指向性、性向をどうとらえるかという問題です。人間の生の基本原理をどうとらえるかによって、精神現象の分析のしかた、疾患への対処のしかたも変わってきます。

フランクルはこの意味への信頼を、カントになぞらえて「超越論的条件」と見ています。「イマヌエル・カントの厳密な意味における超越論主義にそくして、意味への信頼は超越論的とよぶのに値します」（2014，115ページ）「意味への信頼と存在への信仰は、どれほど隠れ潜んだものだとしても、超越論的でありそれゆえ不可欠です」（同上）。

カントは、人間が何かを認識することができるためには、それを整理する枠組みが人間には前もって備わっていなければならないと考えました。たとえば、人間は、出来事を「より以前」「より以後」

など事象のあとさきを区別して理解します。カントは、それは人間に時間の概念が備わっているからだと考えました。同様に、人間は、内側と外側、位置、広がりなどを区別しながら物事をとらえます。この区別を可能にするのは、人間に空間という概念が備わっているからだと考えました。

時間と空間は、ものを認識するためには不可欠な概念的仕組み（直観形式）であり、経験以前に人間に備わっています。更に、人間は物事を原因と結果、存在と非存在、全体と個等の概念的な枠組みで整理して物事を理解することができます。いわば外側から来る雑多な情報を、自分に備わった枠組みで整理し、知識や経験が成り立つということです。目や耳などの五感を通して与えられた感性的内容を、自分に備わった概念的形式で整理して、経験や認識が成り立つとカントは考えました。

つまり、経験というものが単なる受容ではなく、あくまでも外から来るものと自分に備わったものにより構成されたものだということです。カントは、認識や経験を可能にする条件という意味で、それを超越論的と呼びました。つまり、経験以前（アプリオリ）にあり経験を可能にする条件です。

フランクルは意味への信頼をカントにそくして「先験的条件」と特徴づけることによって、第一に、それが人間のあらゆる活動をいわば先回りして、人間に備わったものであること、第二に、それが人間らしいあり方、人間に固有の人生の在り方、人間としての生き方を可能にする条件であることをあらわそうとしました。

これは、人生にとって、意味への指向が必然的で不可欠であることを意味しています。言いかえると、人が自分の人生に虚しさを感じた時、軌道修正が必要なことを告げているといえます。たとえば物質的、肉体的な欲望が必要以上に満たされたり、名声を得たりしても言い表せない虚無感、空虚感を感じることがあります。人は、虚無感を満たすために快楽に身を投じたり、むりやり何かの目標に没頭して自分を忘れようとするという、出口のない循環の中に自分を投じて虚しさを忘れようとします。ひたすら歩き続けることで虚無からの脱却を試みるわけです。また宗教の物語にその活路を見出す人もいます。

意味を指向する人生のコンパスは、自分で埋め込んだのでもなく作ったものでもありませんが、確かにあり、その指向性のおかげで人生に虚しさを感じることもあり、その虚しさが、人生の軌道修正が必要なことを告げるともいえます。

意味の非主観性

意味というと、それを「主観的なもの」、個人的な感情ととらえる人もいます。このとらえ方は、よく知られている主観―客観という枠組みが前提となっています。この枠組みには、主観的＝（個人的、心の中のこと、感情的、相対的、不確実）、客観的＝（公共的、外的な実在、普遍的、より確実）という一連の意味が含まれています。この「主観―客観」という概念的枠組みそのものが意味を適切にとらえるには不適当です。この枠組みを前提とすると、意味は主観的なものとなります。

この枠組みそのものが問題だということを、哲学で最も適切に取り上げたのがハイデガーです。彼は『存在と時間』の中で、デカルトをあげながら主観―客観という概念そのものを批判しています。この概念を外さないと、存在の意味を正しくとらえることができないからです。この枠組みを前提とすると、意味は「主観的なもの」ととらえられてしまい、先にあげた一連の個人的、心の中のこと、感情的、相対的、不確実という意味が含まれがちです。ハイデガーは、存在の意味を適切にあらわすために、デカルトだけでなく、哲学史全体の検討を行い『存在と時間』後も一貫してそれを続行しました。

フランクルは、人生における意味の根源性への視点を確保すると共に、意味が主観性を超えたものであることに言及しています。彼は主観―客観という枠組みの解体を試みてはおらず、この用語にとどまっていますが、彼が意味は超主観であるとか、客観的であると言う時、この枠組みを超えたアプローチの模索への試みを感じます。

その為に、フランクルは「私たちは、存在の意味が輝き出るようにしなければなりません」（2014，xviiページ）という表現や「意味の超・主観性（Trans-subjectiveness、極端な主観性という意味ではなく、主観性を超えたという意味で、通常の主観客観の枠組みをこえてとらえようとする試みです）（同、41ページ）という表現を使いながら、意味が単なる主観的な感情や恣意的な願望ではないことを強調しています。つまり、人生の意味というものは、単に自分がそう感じたという個人的な感情でも、そうあって欲しいという願望でもなく、自分でも否定できない固有の在り方をしています。フランクルは、人間存在の意味、人生の意味が、単なる個人的な感情以上のものとしてあり、むしろそれが「輝き出るように」しなければならないと表現し、意味は、人間がつくりあげるものでなく「発見するもの」（２０１４，42ページ）であることを強調しています。

一人一人の人生の意味と価値

重要なことは、人生の意味は一人一人の生き方にそった固有の現象だということです。「意味のユニークさに話を戻しましょう。私が述べたことから結論づけられるのは、普遍的な人生の意味など存在しないということで、一人一人の個別的状況におけるユニークな意味が存在するだけです」（２０１４，37ページ）とフランクルは述べ、人生の意味とは、その人にとって、その人が見出し得る、その人のユニークな人生の状況に即したものである点です。

意味というものは、当然その人ひとりで成り立つものではありません。人は良くも悪しくも特有の人間関係の中で生まれ育ち生きて死んでいきます。自分の人生が誰かの人生を織り成すその糸であるように、他の人々がまた自分の人生を織り成す糸となっています。身近な人もいれば、山岳エクササイズにあったように影響を受けたけれど面識のないこともあると思います。

フランクルは大きく三つの価値の在り方を示しています。新しい経験を通して価値を見出したり

（経験価値）、仕事や趣味など創造的な活動を通して価値を生み出したり（創造的価値）、あるいは自分の人生への向き合い方、態度、生きざま（態度的価値）を改めることです。とくに、苦しみや痛みに向かう態度を変えることで、無意味で空虚だと感じていた悲しみの経験が、違う意味をもって現れてくる点で、態度的価値は重要です。

ここには、一人一人の存在とその人生を大切に思うフランクルの価値観が横たわっています。フランクルにとって、愛や良心は、こうした一人一人の存在と人生を大切にすることで育まれるものです。

フランクルは意味と価値の関係について、意味はあくまで人それぞれに固有なものであるが、意味の中で共通し、共有できるものが価値としてあらわされると考えています。ここに実は微妙な、価値と意味の関わりがあります。とくに、注意しなければいけないのは宗教や世界観、イデオロギーが関わった時です。

価値が抽象的なドグマに変わる時

フランクルにとって、一人一人の人生、その存在そのものに意味があり価値があるということがベース、根源的事象です。これを外した意味や価値は、絵空事か、空虚な想像、創作に過ぎません。ところが宗教や世界観が特定の価値観を提供した時に、個人の意味や価値は、その組織が掲げる集団の価値観に覆われて見えなくなることがあります。

どんな宗教、世界観でも、教えの中では、人間を大切にしないものなど存在しません。愛や正義、平和や平等など、普遍的な価値がどの教えにもちりばめられ、その教えを見る限りでは素晴らしい理想をうたっています。たとえば、異端審問を行い、異端者を火あぶりにした中世末期のカトリックにしろ、反動分子の大量虐殺と拷問を行った無数の共産主義グループ、あるいは内部粛清を慣行した赤軍派にしろ、その教義、思想そのものには平和、正義、平等、人類愛（一神教宗教の場合は、神の絶対愛）など、普遍的な価値がこれぞとばかり満載になっています。そして、この普遍的価値観を基にして、他者への排撃、自分の同志への粛清が敢行されます。そうした排撃的行為に及ぶ信者やメンバーは、少なくともその意識の上では、正義のため、信仰を守り神を守護するという価値観にのっとって非人道的な行為、時には暴力行為を行います。

極端な暴力行為に及ばなくても、そのグループの信仰を否定したり、宗教権威者を否定した場合、信者も宗教組織も相手に非寛容で、非人道的な態度もいとわないこともあります。同じ教派から分かれた分派の間での争いは、教義はほぼ同じでもその抗争は、時に熾烈をきわめます。どちらのグループも、同じように愛、正義、平和を訴えているのにどうしてこのようなことが起きるのでしょうか。

最終章でこの「信仰の逆説」については取り上げますが、ここには三つの問題があります。

第一に、どうして普遍的価値、人道的価値に満ちあふれた信仰をもとにして、非人道的行為が行われるのかという点。

第二に、信仰者の心の中で、信仰と実践の明らかな乖離にどうして気づかないのかという点。

第三に、信仰に基づいて良心が涵養されたはずの信者が、良心が麻痺したとしか思えない行為に及び、どうして人の苦しみや悲しみに対する共感力が失われるのかという点です。

詳細は最終章に譲りますが、一つだけ、ここであげたいのは宗教やどんな世界観の説く愛も、信仰以前に存在している個人の人生の価値や意味を見失うと、観念的で抽象的なドグマにとどまるということです。フランクルは、愛を一人一人の固有な価値と意味を見る力、良心を個別的な状況をその個別性において見て取る力と規定しています。一人一人を大切にしない宗教はありません。どの教えも、ほぼ共通に一人一人を大切にし、その価値を認めています。しかし、その行動を見ていると、どうしても人間の心への共感力、感受性が麻痺しているとしか言えない場合が多くあります。

その理由のひとつは、信仰システムが唯一の価値の源泉となり、人間の価値や意味も、その信仰が規定する限りにおける意味や価値でしかないということです。その信仰システムやそのグループの宗教権威者を否定した場合、その人は、愛、正義、平等等の普遍的価値そのものを否定する人間とみなされます。そのグループの信者組織から見れば、反対者は、そのグループの信仰に反対する人以上に、普遍的価値、人間的価値そのものに反対し、それを否定するいわば反ー価値の人とみなされます。

教派分裂の場合、分裂した教派の信者は、ほぼ同じような教義を信じ、普遍的価値に関しては、全く変わらない価値を信じています。競合する教派における一番大きな違いは、誰を宗教権威として認めるかという権威者です。ここにおける争点は誰が権力をもつのかという権力意志の問題で、そこに神学上の解釈の違いが付随します。

もちろん信者の多くは、それほど白黒つけた価値の分断をしているわけではありません。しかし、その組織が他のグループを攻撃して、その見方を押し付けると、大抵の信者は、それに流され迎合するしかありません。疑問を心の中に抱えながら…。

信仰とその組織の権威者に対してどういう態度をとるかが分岐点になります。ここでは信仰（誰を権威者と認めるかを含めて）が、人間をカテゴリーに分ける基準となります。観念的で抽象的なドグマは、カテゴリー化が加わることによって、さらに人間を個人として見る視点を失います。親しい兄弟姉妹であれ、親であれ、子であれ、この信仰によるカテゴリー化は、信者の視点を観念的な枠の中に閉じ込め、その結果、愛を語りながら相手の苦悩や訴えによりそう感受性が麻痺します。

信者は、その信仰に深く「はまった」場合、その人を知っている家族の者、他の人から見ると「別人」のようになります。事実、共感力が麻痺し、感受性が麻痺することも多々あります（本人はそうは思っていませんが…）。むしろ、個人の感情を超えることそのものが善であり、大義であり「真の愛」

であるという意識に立ちます。共産主義などのイデオロギーであれ、宗教信仰であれ、こういう意識上の事態があるということを理解しないと、イデオロギー行動は理解し難いものになります。

イデオロギー的信仰とフランクルの視点の決定的な違いは、価値の源泉がどこにあるかという点です。イデオロギー的信仰は、その特定の信仰システムを唯一（時には絶対）の価値の源泉とみなします。フランクルは、人間一人一人の人生そのものに価値や意味があり、それを基にして、宗教の信仰はそれぞれの物語特有の価値を加えるものととらえます。人間の存在そのものに、人生そのものに意味と価値を認め、それは信仰以前であり、信仰とは独立しているのです。宗教は変えることができますが、それによって人間の存在や人生に意味があったりなくなったりすることはありません。人生の意味、人間の存在の意味の問いが先行しているために、信仰の選択も意味への問いを軸に行われることが多々あります。もしも信仰が、人間の存在の意味、人生の意味の前提ならば、フランクルの問いも、ハイデガーが生涯かけて「存在の意味」の在り方を問い続けたその営みも、全く意味のない試みであり、要は、特定の信仰を信じることに尽きるということになります。

宗教信仰をもたなければ人生が無意味になるというわけでも、信仰をもったら人生の問いが解決するわけでもありません。宗教信仰をもつということは、一つの物語によって、自分の人生を解釈することができる手立てを得たということで、それ以上でも以下でもありません。フランクルは、人それぞれの選択を尊重します。なぜなら、一人一人が固有な存在で、その背負っているもの、環境も文化も異なり「何が解決か」ということも、その人に即してみる以外にはないからです。

3-3　宗教とは？　神とは？

究極の意味と個々の意味

フランクルの宗教へのアプローチは、人生の意味を軸に組み立てられています。フランクルは、人生の意味に二つの側面をみています。ひとつは、人生の過程において、それぞれの局面やそのプロセスにおいて現れるもの。フランクルが、三つの価値実現の在り方としてとりあげた人生への姿勢、経験的価値や創造的価値の実現などです。これは日常の経験の中で現れてくるものです。もうひとつは、人生を全体としてとらえた時に現れるもの。フランクルはこれを「究極の意味」と呼びました。彼は、人生の過程で現れる個々の意味と人生を全体としてとらえたときの「究極の意味」の関係を、映画になぞらえています。

「たとえとして映画を考えてみましょう。映画は、膨大な数の画像から構成されていて、それぞれの画像が意味をなし、意味を持っていますが、映画全体の意味は、その最後のシーンが映し出されるまでわかりません。その一方で、それぞれの構成要素、一枚一枚の画像をまずもって理解しなければ映画全体を理解することはできません。人生も同じではないですか？　人生の最終的な意味も、もしそれが存在するとしたら、人生の終わり、死の瀬戸際においてしか示されないのではないでしょうか?」(2014, 149ページ)。

フランクルがここで述べているのは、解釈学でいう個と全体の関係です。「言葉」を例にとって考えてみましょう。一つの文の意味を理解するためには、個々の言葉の意味を知らなければなりません。しかし、同時に、個々の言葉の意味は、その文の中でその言葉がどう使われているのかわからないと理解することはできません。つまり、個々の言葉の意味は、文全体の意味に依存し、文全体の意味は、個々の言葉の意味に依存するというように、個と全体は相互に関係しています。文の場合は、さらにその文がどのように使われたのかという状況が、言葉を取り巻く全体として存在します。つまり、個と全体というものは、幾重にも重なっていて、意味というもの自体が重層的なものです。

小説でも、それぞれの章に一つの流れと意味がありますが、物語も話の展開、登場人物の変化などにより、物語全体の性格が変わっていきます。最終章で劇的な変化を遂げる物語もあります。そうなると初期の物語、中盤の物語も、その意味が変わっていきます。

前の章で紹介しましたが、フランクルが、サンフランシスコ州立刑務所で、処刑を四日後に控えた死刑囚へのメッセージを求められたとき、トルストイの『イワン・イリイチの死』を例にとりながら、死の直前まで人生の意味に目覚めるチャンスがあることを伝えました。フランクルが言わんとしていることは、生ある限り、人間は意味に開かれているということです。

人生の究極の意味というものは、その人にしか開かれないものであると同時に、死ぬまでわからないという容易に入り込めない限界を持っています。他人には入り込めず、当人にも開かれ難い扉です。ですから、人生の究極の意味というものは、問いとして掲げられるという性格を余儀なくされます。そして、それが在ることを信じるというのが、フランクルの宗教観です。

宗教とは？

フランクルは宗教を「人間の（著者注　人生における）究極の意味の実現」（2019，xviページ）あるいは「究極の意味への意志の実現」（2000，169ページ）と定義しています。「ついでながら私の宗教の定義は、アルバート・アインシュタイン（1950）の定義と類似しています。『宗教的であるということは、人生の意味とは何かという問いに対する答えをみいだしたということです』」（2000，169ページ）フランクルは、さらに続けてヴィトゲンシュタインの定義にも自分の考えに近いものとして言及しています。「ルードヴィヒ・ヴィトゲンシュタイン（1960）の与えたこういう定義もあります。『神を信じるということは、人生に意味があるとみることだ』」（2000，169ページ）。

フランクルは人生の意味を中心軸に据えて宗教にアプローチしています。アインシュタインやヴィトゲンシュタインの場合、人生の意味を軸にして宗教にアプローチしているわけではありません。人生の意味への言及はありますが、思考の中心に人生の意味を据えて考えてゆくフランクルとは思考の道筋が若干異なります。

アインシュタインは、宇宙や自然の秩序だった在り方への驚きと、その神秘と美しさへの洞察があり、その経験が組織宗教の教義の枠を超え、教義化された一神教ではとらえきれないところをみています。宇宙や自然の神秘への驚愕と感動というものを軸にして、宗教をとらえている点で、フランクルの思考の中心軸とは異なります。しかし、人生の意味という問いはすべての人に共通する根本的な問いですから、アインシュタインにおいて、宗教は人生の意味の問いの延長線上に浮かびあがることになります。その点で、フランクルとアインシュタインの宗教観は一致しますが、問いの中心が異なりますので、問いと思考の軸、宗教経験ということで見ているものは異なります。簡単にいえば、アインシュタインは宇宙、自然によって開かれる経験を軸にして宗教経験をとらえるのに対し、フランクルは、人間の苦悩、運命、死などが絡みついた人生の問いの中で、宗教を見つめます。

ヴィトゲンシュタインの宗教観、とくに後期のものについて少しだけ説明しましょう。

ヴィトゲンシュタインの場合、一貫して彼の言語哲学を軸にして思考は進められます。言葉の意味は、それが果たす役割によって意味が決まり、その役割は文脈によります。その言葉が使われているフレーズや文などの言語的な文脈もありますし、現実的な状況という文脈、コンテクストもあります。たとえば、地震直後の海岸で誰かが「水だ！」と叫べば、それは津波を意味しますが、砂漠を進んでいる隊商が「水だ！」と叫んだら飲み水を意味します。言葉の果たす役割が異なるので意味も異なります。日常言語は、ある程度共通の生活的文脈がありますので、意味の共有が可能ですし、相互理解、コミュニケーションが可能です。

しかし、宗教言語は、その信仰集団を離れると意味が不明です。正確に言えば、宗教の言語は、その教義、儀式、生活を文脈としてのみ存在するため、その信仰集団をこえた意味は存在しません。たとえばキリスト教会で「さあ、洗礼に参加して、キリストの救いにあずかり、罪をぬぐいましょう」と牧師に誘われたとします。「罪」も「許し」も「救い」も、果ては「キリスト」という言葉も、キリスト教の教義とその実践を文脈として、その中でのみ意味を持ちますが、その信仰システムを外れればその言葉そのものが意味をもちません。つまり、それぞれの宗教が自分の言語ゲームの枠内で、宗教の言葉を語ります。そして、その枠が、意味の限界でもあります。これは後期の『哲学探究』におけるヴィトゲンシュタインの考えで、前期の『論理哲学論考』では、宗教の言語は、言語の意味の枠を超えているので、無意味であると考えています。

このようにフランクルも、アインシュタイン、そしてヴィトゲンシュタインも、教義的宗派的信仰システムの枠を超えたところで宗教をとらえています。その教義が他のすべての宗教を凌駕した最終的真理、絶対的真理であるという教派主義の主張、教派の排他的優越性の主張を、フランクルは明確に否定しています。教派の枠組みの絶対化、普遍化、イデオロギー化は、宗教の本質とは異なった教派の権力意志によるものではないのかという疑問は脱ぐいきれません。

フランクルにとって、人生の究極の意味の問いは、生死を突き抜けた地点に立つ問いである以上、宗教の基本的な問いと重なります。それをどうとらえ、どう意味づけるかは、その人それぞれの選択です。それゆえ、フランクルは、一方において一人一人にその選択を預けながら、同時に、支配的な一神教の枠を突破した宗教観と神観、教派主義の主張を突破した宗教の地平を見つめています。どのようなイデオロギー化、全体化も否定しながら、意味を軸にした幅広い解釈の地平を提示し、その中で個人の宗教への選択を尊重するというアプローチをとっています。

フランクルは「人間についての十のテーゼに関して」（About Ten Theses of the Person）を書き（改訂版）、その第十項で、宗教的信仰を「意味にたいする包括的な信仰」と定義しました。フランクル自身、初めにこのテーゼを書いたときは、一神教のニュアンスが残っていましたが、後年、これを改訂し、彼の幅広い宗教観を明確に打ち出しました。保守的な信仰者の中には、これをフランクル自身の逸脱、誤謬だとしてフランクルを批判し、フランクルの初期の記述のみを受け入れる人もいます（たとえば、Rabbi Dr Shimon Cowen, The Rediscovery of the Human, 2020）。改訂したテーゼの十番目にはこうあります。

「かくして信仰の現象を神への信仰ではなく、より包括的な、意味への信仰と理解することにより、ロゴセラピーが信仰の現象を扱うことは正統なものとなる。この点において、ロゴセラピーは、アルバート・アインシュタインとともに、人生の意味への問いそのものが宗教的なものであるとみる」(Viktor Frankl Institut, https://www.viktorfrankl.org/texts.html)。

フランクルのこの広い宗教の定義は、様々な宗教的な世界観、非宗教的な世界観、そして教派的信仰をその視野におさめることにより「不可知論と無神論も包摂する」（2000，169ページ）とフランクルは述べています。人生の究極の意味は、他の人にも知り得ないし、本人も死の際まで知り得ないという形で規定されています。人生というものが常に途上であり、プロセスである以上、その全体は完結しえません。自分の人生に、全体としての幕引き、何かのテーマ、全体としての意味があるかどうかは、開かれた問いとして存在します。思惟を導きながらも、問いとしてのみ存在しうるものである以上、それが在ることを信じるという形になります。

人生は、不安だらけ間違いだらけ疑問だらけで、ニーチェ流にいえば自分自身が「一つの疑問符」です。フランクルは一方において、人生の意味があってこそ意味の問いが生まれることを明らかにしつつ、他方において、意味があることを信じることを促します。それが十のテーゼにおいて「意味への信仰」という言葉となってあらわれています。

ではフランクルは神をどう見ているでしょうか？　フランクルは、ユダヤ教、キリスト教などの一神教の神、つまり世界を創造した神という概念ではなく、人生の究極の意味の問いに伴うものとして神を再定義しました。人生の意味、人生の究極の意味も人それぞれに異なります。人が究極の意味の問いの向こう側に在るものとして、何を見ているのかも異なります。人生の究極の意味が、どういうものとしてその人にとらえられているのかによって、その人のみる「神」も異なります。クリスチャンであれば創造主としての神であろうし、人によっては人類であり、社会でもあり、あるいは良心でもあります。

フランクルは、ロゴセラピーと宗教の関係について、こう述べています。「ロゴセラピーは、心理療法と宗教の境界線を越えることはありません。宗教への扉は、それを開けるかどうかは患者にゆだねられています。（著者注　自分の人生への）責任を、何に対してのものと考えるのかは、それが人類か、社会か、良心か、あるいは神かは、その患者にゆだねられています。何に対し、誰に対し、そして何について自分の（著者注　人生の）責任を考えるのかという決断は、その人次第です」（2014，109-110ページ）。

人が人生の究極の意味を考え、自分は一体どういうものに対して自分の人生をとらえているのかと問うた時に、それが良心である場合もあります。自分は少なくとも良心に恥じない生き方をしたという人もいます。その場合、その人は、良心というものに対して、自分の人生の究極の意味を考えています。また人によっては、自分は、自分の人生をもって社会に対して何らかの形で貢献し、人々のためになったと感じている人もいるでしょう。その場合、社会や人々が自分の人生の究極の意味を考える手立てになっています。クリスチャンであれば、創造主なる神の前に、自分は一生懸命生きたというかもしれません。

社会も良心も神も、ある意味で自分を超えた存在です。ちょうど昔、航海士が北斗七星などの恒星をたよりに、絶え間なく動き、風雨にさらされる海を乗り越えていったように、絶えず揺らめく人生の決断も、自分を超えた存在を手掛かりにして見つめ直すと、ある航路に沿ってやっていたと思うのかもしれません。何を手掛かりにして生きてきたのかわからない人生ですが、自分の人生を総括的に見た時に、思い至るものとして社会、良心、歴史、神というものが手掛かりとして考えられます。生まれては消えていくはかない人生も、自分を超えた存在を手掛かりにすると、自分でも気づかない究極の意味が浮かび上がってくるのでしょう。

フランクルのいう広義での神は、人が人生の究極の意味、全体としての人生の意味を問うた時に、何に対し、誰に対し究極の意味を考えるのかというレファレント（referent）を意味しています。それは、その人にゆだねられた問いであり、答えるのはその人です。

人生の「究極の意味」は「自分の人生は一体何だったのか？」という形でしか問われず、答えられないというのがフランクルの視点です。したがって、一般にいう神も、人が究極の意味という問いを投げかけた時の手掛かりとして、フランクルの言葉でいえば対話のパートナーとして浮かび上がるものです。それはクリスチャンであればキリスト教の神かもしれませんし、歴史や良心かもしれません。

「神は、私たちの最も親密なひとりごとのパートナーです。あなたが最も誠実に究極の孤独の中で自分と対話するとき、自分自身のことを語る相手は、神と呼んで差し支えないでしょう。お気づきのように、このような定義は、無神論、有神論の世界観という二分法の分岐を回避しています」(2000, 167ページ)。

フランクルは宗教というものを、特定の教派、特定の教義へのコミットメントという狭い意味ではなく、人生の意味の問いの仕上げ、自分の人生の意味を全体として総括することととらえ、神をその問いの仕上げの手掛かり、レファレントとしてとらえました。

フランクルの宗教観が意味するもの

これは一体何を意味しているのでしょうか？　通常の意味の宗教や神と、フランクルが提示した宗教や広義の神の定義は、どうつながっているのでしょうか？　フランクルは、人生の意味を軸にして、宗教と神を定義していますので、フランクルの視点を整理しましょう。

フランクルは第一に、人生の意味の問いの根源性をもとにしています。これは人間が在る、存在するということそのものが、意味として在るという人間存在の固有な在り方に基づいています。人間は自分の存在の意味を解釈しながら存在している、つまり意味があったり、無意味に感じたりしながら存在するということです。

フランクルは人生を意味あるものにする鍵は、自己超越、自分を超えていく在り方、生き方にあると考えました。

具体的には、おおむね三つのやり方で人は価値を実現します。経験的価値、創造的価値、そして態度的価値を生む行為や生き方です。こうした価値や意味は、人生の多様な局面で様々な形で現れます。

フランクルは、映画とのアナロジーで、これを物語のそれぞれの一コマ、シーンになぞらえました。映画などの物語には、一つのテーマ、無数のシーンをつなげる全体としての意味があります。当然、最終シーン、物語の終わりの章が、どう展開するかで物語の性格もかわります。人生という物語は、自分がまだ生きており、筋書の行く末を手中に握っている以上、常に現在進行形の未完の物語としてのみ語ることができます。

自分の人生の物語を仕上げ、その究極の意味をあらわにする過程で、問いの手掛かり、対話もしくは独話の相手として在るのがフランクルの言う神です。それは自分の人生の究極の意味のレファレントであり、その内容は開かれています。その「神」がどういうものであり、どうその人が自分の人生の中で関わってきたのか等は、その人自身が「自分の人生の究極の意味を明らかにする」という過程で決められるものです。

言い換えると「個と全体」という解釈の在り方は、人生の意味の問いにおいて。自分の人生全体の意味という問いを促します。その時のレファレント、問いの手掛かりとして浮かび上がるのが神であったり、良心であったり、社会であったりするということです。

「人生の究極の意味」を含めた人生の意味の問いに開かれるためには、人間を身体、心理的存在というだけでなく精神的存在として見ることが不可欠です。フランクルにとって、それは人間を自己超越（自分を超えてゆくこと）としてとらえることを意味します。いいかえれば意味の問いを人生の問いの中心に据えることによって、人は人生を意味や価値の実現の機会、場、プロセスという形でとらえることができます。自分自身の存在を意味に開かれた自己超越的な存在とみること、そしてそのように生きることとそのものが宗教的であるとフランクルは考えます。

重要な点は、意味に開かれた形で存在し、生きるということです。そして、そのように生きる時、その人はすでに広い意味で宗教的なあり方をしている。これがフランクルの視点です。存在の意味という根本的な現象を基にしているために、その視点は、特定の信仰、世界観による規定を超えて幅広く宗教現象を見ることを可能にしており、一神教が支配的な西洋において、これは重要な視点です。

西洋では、ユダヤ・キリスト教、イスラム教など一神教の神を否定すると無神論者のレッテルが貼られます。無神論者というレッテルそのものが一神教を否定する者という否定的な意味で信仰者のサイドからそう呼ばれ、否定的なニュアンスを伴っています。しかし、無神論のレッテルを貼られている人が、非宗教的かというとそうではありません。たとえば、ニーチェはキリスト教の神観、信仰に真っ向から挑戦し、それを否定しています。しかし、彼が非宗教的な唯物論者かといえば、全く違います。むしろキリスト教の信仰（ことにパウロの解釈）、神観そのものを問い直し、根源的な問いを身をもって問い直す姿勢は宗教的であり、求道的です。「最も宗教的な無神論者」とみるのが適切だと思います。

ひるがえってフランクルの宗教観をみてみましょう。そもそも「人生の究極の意味を問う」とは、どういうことでしょうか？　そこには人生にまつわるあらゆる幸不幸、偶然、運命、死、不安等々、どこにも確とした答えがない現実が絡み合っています。そこにそれぞれの人が種々の宗教や世界観を取り入れたり拒否したりしながら折り合いをつけます。

キリスト教なり禅なり、特定の物語に依拠する人もいれば、確証度の高い科学に依拠する人もいます。科学理論もある意味で一つの物語ですが、一般的な意味における確証度は高くなります。ただし宗教の扱う問題は、科学の適用範囲を超えているので、科学と宗教の主張の兼ね合いは、注意してみなければなりません。

フランクルはそれぞれの理論にその見解を提示させて、複数の視点からものをみるという多次元的解釈を提起しています。宗教が科学のふりをして似非科学となることは危険極まりなく、また科学が宗教化してドグマとなると、これも危険です。ですから、宗教も含めたそれぞれの知が、自己の限界を明確に自覚することによってイデオロギー化を避けて、共存し、複数の視点を提供する。その複数の視点を各自が総合的に判断することによって、一人一人が答えのない人生の問いに折り合いをつけることになります。そして、何をどの程度、どう折り合いをつけるのかはその人次第です。

人生の究極の意味を問い、考えると、必然的に宗教が扱った問いにぶつかります。ちょうどニーチェが、キリスト教の根源を問い直したように、宗教信仰の向こう側、その根拠そのものを問うこともあり、特定の宗教信仰にコミットしていなくても、それは十分に宗教的です。

3-4 排他的教派主義と権力意志

排他的教派主義批判

フランクルは、精神疾患における宗教の肯定的な意義を評価しています。宗教は「メンタルヘルスに計り知れない貢献をしている。結論的にいえば、宗教は人が他のどこでもみいだせないような安心感を与え、精神的錨をあたえてくれる」（２０１４，１１０ページ）とその意義を認めています。さらに「患者が宗教信仰にしっかりと立っている時、その宗教的確信の治療効果を用いたり、その精神的資源を活用することに異論はありません」（2014，93ページ）と述べています。患者の宗教的信仰に対して、それを尊重するというのがフランクルの一貫した姿勢です。それゆえにアメリカでフランクルのセラピー理論を最初に受け入れ広めたのはキリスト教、ユダヤ教を深く信仰する学者や精神科医でした。今日でも、キリスト教の牧師、ユダヤ教のラビなど、宗教の指導者で、フランクルの理論に共鳴し実践する人は多くいます。

一般的に宗教を信じている人は、特定の信仰に落ち着いて居を得ています。住まいと同じように、多少の遍歴はあったとしても、自分が落ち着ける場を見出し、そこに落ち着きます。「自分は」という条件付きで「自分にとってはこれが一番」とあくまで自分のものとしてはという自覚を持っている人もいますが「自分の信仰こそが唯一で絶対、最高の教えだ」とその教えの正しさを確信し「他の教えは誤りか、まだわかっていない無知か、霊的に低い段階の教えだ」と優位性を自覚し「この教え以外にはない」と排他的にその真理を確信している信者もあります。ことに宗教に熱心な人には、こうした排他的優越性を確信している人がたくさんいます。それは、その人たちの自覚というよりは、その人が属している宗教教派の中心的な教えです。競合する教派それぞれが排他的で絶対的な優位性を説いています。

教派を超えた神

フランクルは、神を教派の解釈を超えた存在と見ています。「ここに示されているように、宗教の概念は最も広い意味でとらえられ、教派や宗教組織の代表者が公布する狭い神の概念をはるかに超えているのは確かです。彼らは、その価値を傷つけるとは言わなくても、神は、その教派の特定の信条にそって最大多数の信者が信じることに主要な関心があるものとして描いています。その為に『ただ信じなさい、そうすればすべてはうまくいくだろう』と私達に言うのです」（2000，17ページ）。

フランクルは二つの点を指摘しています。一つは、神（ここでは一神教の神をさしていますが）は、それぞれの教義、信仰システムの枠を超えた存在であるという彼の視点です。もう一つは、教派主義というものは、その主要な関心を、信者の獲得、つまり勢力拡大においており、神を、教派を支持する存在として提示しているという点です。フランクルは、さらに教派主義者は「神のイメージを、信じられることに関心があり、特定の教会に属するように厳しく教える神というようにつくりあげています」（2000，18ページ）と述べ「そのような宗教の代表者が、彼らの主要な任務は、他の教派より優位に立つことにあると考えて、そう振る舞うのも不思議な事ではありません」（前掲書）と続けています。

フランクルは、宗教の限界を言語になぞらえて指摘しています。「しかし宗教を言語になぞらえて比較する場合、自分が話している特定の言語が、他の言語より優れているという主張は、誰も正当化することはできません」(2000, 165ページ)。特定の言語が、最も優れた言語などという主張が無意味なように、特定の宗教信仰が、他を凌駕する最高の教えだという主張も誤りだということです。さらに「結局のところ、どの言語も真理に至ることは可能であると同時に、どの言語も、誤る可能性があり、嘘をつく可能性もあるのです」(前掲書)と、宗教信仰の中に、誤りもあり、虚偽すらある点を指摘しています。

宗教信仰の中身は、普通の意味で確証できないが故に、正確に言えば誤りや虚偽があっても、それを誤りと確定することも、虚偽だと判断することもできません。正しさの基準がない以上、虚偽も誤りも確定できませんから。

宗教史をみれば、歴史の中で地域の土着信仰と融合したり、権力闘争の結果異端として排除されたりと「正統な信仰」の「正統性」が何を意味するのか極めてあいまいです。むしろその区別は、勢力のしのぎあいで勝った方が自らを「正統な信仰」とし、敗北者を「異端」とする権力闘争の結果とみる方が妥当だと思います。

宗教信仰は、それが共同体で共有化され、儀式として行動様式となり、用語がグループ内の言語となると、それがその共同体の内部ではある種の実在性を獲得します。当然、そのグループの外では、無意味な言説です。フィクションも、偶然の出来事も、まぜこぜになってそれが世代を超えて「正統な伝統」となります。こうした宗教信仰の限界と相対性を自覚せず、あるいは、あえてそれを見えないようにする、見ないようにする所に排他的教派主義の絶対的優位性が成立しています。

教派主義＝権力意志

フランクルは真理の現象について、ハーバードのシンボルである盾を例に、どのような神の真理も多角的に、限定的に現れることを指摘しています。「私の頭上を見てください。私の席の後の壁にはハーバード大学の盾があり、そこには真理を意味するヴェリタスという言葉が書かれています。しかし、お気づきのように、この言葉は三つの音節に分散され、三つの本にわかれています。完全な真理は普遍的な真理ではなく、誰もがアクセスできるものではないと解釈することが可能です」（２０１４，69ページ）。「人間は、むしろ真理全体のたった一つの側面を把握するだけで満足しなければならず、このことは神についても同じです。神の真理は、単なる一側面に過ぎないのです」（前掲書）とフランクルは述べています。

排他的教派主義に対し、フランクルはきっぱりとそれを否定しています。「しかし、私たちは言語の多元主義だけではなく、宗教の多元主義にも直面しています。後者はおおむね宗教がさまざまな教派に分かれているという事実に代表されています。繰り返しますが、ある教派が他の教派にたいし優位性を主張することはできません」（２０００，１６５ページ）。

優位―劣位という軸でものを見る視点にたいし、フランクルは、その根本原理が「権力意志」にあることを指摘しました。フランクルは、アドラーが優越感―劣等感を人間分析の原理として用いたことを批判し、アドラーが権力意志を原理として用いている点を指摘しました。

フランクルは、この視点を教派主義への批判に直接用いてはいませんが、フランクルの言説からみると、彼の教派主義批判には、権力意志批判が含意されていると思われます。教派主義が教派の優越性を主張し確立することを動機としているということは、教派主義の本質が、権力の拡張と確立であることはまちがいありません。

しかし、どの宗教教派も、権力の拡張を前面に掲げてはいません。むしろ、愛、許し、正義、平等等の普遍的価値を前景に掲げていますし、信者もまた、その行為にかかわらずそう信じて疑いません。どのような根拠で、排他的教派主義が権力意志を動機としていると言えるのかという問いは、当然信者から突きつけられるでしょう。次の章で、この問題を詳しくとりあげます。

第四章

信仰のパラドックス

この章では、フランクルの視点をもとにして、宗教信仰に潜む逆説、矛盾、疑問点などを幅広くとりあげます。この信仰のパラドックスは、排他的教派主義においてもっとも鮮明な形でそれが露呈します。

他の宗教との共存を前提としている信仰についてはあてはまりません。排他性は一神教、多神教を問わずにみられますが、この章で宗教という場合、こうした排他的教派主義の信仰を念頭においています。

宗教は、だいたいどの宗教でも愛、平和、幸福、平等などの普遍的価値を訴えています。それは教義の中にも、説教、説法にも、あらゆる場の言説にみられます。そして、信者も、そのすべての行動がその価値の実践だと確信しています。

教派主義的宗教でも愛と許しを説くのですが、その一方で、そこには明らかにそれとは明記していない限界があります。それはそのグループの信仰、とくにそのグループの宗教的権威者への態度です。教派主義的宗教も他の宗教の信仰者、あるいはまったくの無神論者など、誰に対してもオープンです。誰もが自分の信仰にくるポテンシャルのある人ですからそれは当然です。積極的に他の信仰との交流をはかったりしてすそ野を広げようとするところも多くあります。しかし、その寛容な態度は、相手が自分の信仰や、とくにその教派の宗教的権威者を否定しないという但し書きがついています。

そのグループの信仰やグループの宗教権威者を否定する者に対しては、決して寛容ではなく、むしろ冷淡な態度、敵対的な態度をとり、時には非人道的な行為、グループによっては暴力にも及びます。

歴史的にも世界的にも無数の例があるだけでなく、程度の違いはあれ、新宗教、新興宗教における教派分裂においても、本質的なメカニズムは同じです。教えの内容はほとんど同じで、愛や平和など普遍的な価値を掲げながら、その宗教的権威者が誰かという違いで、教派は分裂し、互いに熾烈な闘争を繰り広げています。法治国家では法廷闘争となりますが、少し前であれば暴力的な闘いであったことはまちがいありません。

ここにはいくつかの逆説があります。愛と寛容、平和を中心的な教えとしている宗教教派が、どうして熾烈な闘争を繰り広げるのかという問題です。さらに、愛を説く宗教が、その信仰を否定する者に対し冷淡で、無情ともいえる非人道的な態度をとるという事実があります。しかも、信者は、その非人道的な態度と行為を、信仰の実践、愛の実践としてとらえ、信仰への献身のゆえに非人道的な行為を行うという矛盾があります。

さらに愛と良心が豊かになるはずの信仰者が、正気を逸したような過度の献金を行い、社会的な自殺行為でもある財政破綻に自ら突き進み、家族を貧困のどん底に叩き落としさえするという事態もあります。

明らかにまともな判断力を欠いているのですが、そうなると宗教は危険なものとなり、人々が恐れを抱くのも当然です。自滅に向かうのは献身ではなく、自覚のない狂気です。

不思議なことに、信者にはその矛盾への自覚はありません。あきらかに人間の悲しみや苦悩への共感力が失われています。愛を説く宗教が、信者をその信仰のゆえに他の人への共感力のない人間に導くというこの矛盾は、どこからくるのでしょうか?

信者にとってこうした批判や分析は「心ないもの」と受け止められるでしょう。「こんなに一生懸命、心を鬼にして、家族を愛するがゆえに、あなたたちのためにやっているのに、どうしてそれがわからないの!」と思うに違いありません。「いずれわかるから、今は耐えましょう」と死後の世界を指さしながら組織の指導者は諭します。

宗教をどう見るかによって、宗教への態度、関わり方も様々です。宗教や思想は、服を着替えるように簡単に変えることができません。そこには人生観、世界観の問題だけでなく自分の過去から未来に続くアイデンティティーや人間関係の問題もからみついています。しっかり信仰に寄り添っている人、心に引っかかるものを感じながらもどうしたらいいか戸惑っている人、宗教を考え直したいと思っても手掛かりがない人など「信仰者」といってもその在り方は人それぞれです。宗教は、内側からみると出口のない迷路のような構造をもっていて、考える手掛かりが見つけにくい在り方をしています。宗教を理解するには、こうした宗教特有の在り方も視野に入れる必要があります。

宗教組織の中においても、信仰の名のもとに信者を道具化することが多々あります。これは宗教だけでなく共産主義などのイデオロギーでも起こります。反動分子、異端などレッテルの違いはありますが、イデオロギーによる支配には、価値の言葉を語りながら権力意志で人間を物象化（人間を物のように扱うこと）するメカニズムがあり、宗教、非宗教を問わずこうした現象が起こります。行為者は、理想主義的な価値観を実行しているという意識をもっており、その理想の遂行者であると信じています。価値を実現しているという意識と価値に反する行為との乖離は究明が求められます。

教派主義というものは信仰のイデオロギー化と見ることができます。イデオロギー化は、一種の支配への意志の現象です。価値の体系も、その価値の内容がいかに崇高で立派なものであったとしても、それがイデオロギー化することによって、権力意志の道具となることを免れません。その過程で、そこにたずさわる人間の道具化、物象化が起きるのです。

こうした複雑な諸問題を、この章では、いくつかの問いにまとめて考察します。宗教信仰には、一度入ると抜け難いという事実があります。人間は一度思いこむとその「思いこみ」から抜け難いという心理的な要因もありますが、宗教特有の抜け難さがあります。宗教の持つ構造的な仕組みを解明しながらどうして抜け難いのかその謎にも踏み込みたいと思います。

4-1 良心を高めるはずの信仰で、なぜ非良心的な行為ができるのか？

宗教の教えには愛、思いやり、平和、正義など普遍的な価値がいっぱいつまっています。およそ考え得る理想や夢のような世界の約束まで宗教は教えています。宗教と理想主義的ファンタジーの違いは、ファンタジーが物語を物語としてとどめておくのに対し、宗教は、それを実行可能なものとして、儀式、実践の方法にまで落としこんでいる点です。

実行可能な方法と手段があるからといって、それが実際に有効かどうかはまた別の話ですが、少なくとも普遍的な価値を実現しようと実践していることは確かです。当然、信者には良心的に生きることを勧め、実際、信者は、私の知る限りではたいていとても良心的です。

しかし、その普通には良心的な信者が、こと信仰のこととなるとかたくなになる傾向があります。そのかたくなさはいくつかの現象となってあらわれます。これは人によってバリエーションがありますが、とくに熱心な信者の場合、自分の信仰以外の視点をかたくなに拒否し、いわゆる「聞く耳を持たない」状態となります。他の人が、本人の信仰に同意しないまでも、あからさまにその信仰内容を批判したり、教祖、教派の宗教的権威者の権威を否定しなければ、ある程度の会話はできるのですが、あからさまに批判し、否定すると態度は一変します。たとえ親しい家族の一員であっても、その情的な絆を遮断し、冷淡な態度に豹変します。

いったい何が起こっているのでしょうか？　そして、なぜ普段は良心的で優しい人が、かくもかたくなで冷たい人に豹変できるのでしょうか？　一つには、人間そのものへの共感力の欠如という問題がありますが、ここでは、価値観の問題を指摘したいと思います。

信仰システムが唯一の価値の源泉となる

信仰は人にある価値観を提供します。人は何を手立てに、すべきこととすべきでないことを区別し、何が人生で最も大切な事なのかを見極めるのでしょうか？

時に人は、大切なこと価値観の手掛かりを宗教信仰に求めることがあります。よし宗教を求める動機が他の所にあったとしても、宗教は価値観、すなわち人間に考え方、行動の指針を与えます。しかもその物語には、それによって家族が幸せになり、争いをなくす平和で幸福な世界がくることを約束しているわけですから、人が、信仰によって生きる希望や理想を見出すことは当然です。もちろんそれが本当かどうかは別問題ですが、本人がそこに希望を見出しているということは事実です。そして、その信仰の価値観にのっとって生きることが、自分だけでなく、愛する家族の一人一人、世の中の人々、果ては死んだ人々にまで幸福をもたらすと信じているわけですから、良心的な人であればあるほど自分を犠牲にしても信仰に沿って行動しようとするわけです。

宗教では、自己犠牲を信仰の証しとして讃える物語に満ち満ちており、宗教組織も信仰共同体もそれを推奨し讃えるので、自己犠牲をとどめるものがありません。

たとえば、親が宗教に入信し、ありとあらゆるものを犠牲にし、家も財産も投じて文無しになり、子供が貧困にあえいでも、そのために学校生活でどんなに苦しんでも、ひたすら「耐える」ようにと強いるのは、自己犠牲が本人のため、世界のためだという論理があるからです。信者からすれば「愛するがゆえに」あえて自分と家族を犠牲にするんだという決意のあらわれです。そして宗教組織もそれを賞賛し奨励し、信仰共同体の中でも模範的な人という誉を得ます。

しかも来世信仰をもっている宗教の場合、その犠牲は、すべて「死後の世界、来世で報われる」という教えになっています。いわばこの世で掛け金を払っておけば、来世が保証されるという霊界保険のようなものです。死んだ後の話なので、当然確証はありません。ではなぜ確証がないことを信じられるかといえば、それは信仰が共同体、教義、儀式、組織、言語等からなるシステムとなって機能しているからだと考えられます。そしてそれが世代を超えて歴史的に実践されると、物語が現実性を帯び、共同体で儀式として実践され、それが言語として共有されると実在感をもつということだと思います。それゆえにこそ宗教ごとに異なった来世の記述が信じられていることになり、場合によっては何世紀も信じられ続けます。

問題は、信仰にロックされると、それが唯一の価値の源泉となることです。ここがフランクルの視点と大きく異なる点です。フランクルは、一人一人の人生はそれ自身で意味があり、価値があると見ています。存在するということそのものが意味としてあらわれ、どう生きるのかによって意味があらわになったり、見えなくなったりします。人間の人生の意味や価値は、信仰に依存していません。信仰は、その意味を基にして、ある特定の物語を重ねてその意味を仕上げるものに過ぎません。信仰があって、初めて人生に意味があるのではなくて、人生に意味があるが故に、信仰も意味を持ちうるということです。ですからその信仰が、一人一人の価値や意味を損なうのであれば、その信仰の方が正されねばなりません。

ところが、人が信仰にロックされると、その宗教教派が教える価値が価値のすべてになり、信仰そのものが人間的価値の源泉であるという錯覚に陥ります。体系的教義をもっている教派の場合、人間とは何であり、人生とは何であり、愛とは何かということが、信仰を前提にして説かれます。信仰というものの中に価値観、人間観が組み込まれていることがあり、さらに排他的教派主義の場合、他の価値観を誤りか劣ったもの、混乱したもの、部分的にしか真理をとらえていないものと価値づけています。

信仰の中に、その他の視点を排除し、視点の価値的な序列化をする仕組みが備わっているため、その教派の信仰以外の価値観を考慮することは難しくなります。信者は、その信仰に頼りそれを心の拠り所にしますが、その信仰に含まれている排他的なメカニズムはその信者の心をロックします。

これは信者そのものの問題というより、排他的教派主義に内在する問題です。

その宗教信仰が教える価値観が唯一の価値の源泉となると、その信仰を拒否することは、人間的価値を含むすべての価値の否定になると、信者の心にはうつります。その教派の信仰に反対する者は、愛や平和、平等などの普遍的価値そのものを否定する者となり、信仰の否定が価値の否定に直結します。

聖俗のカテゴリーの創成

教派主義の信仰者は、この世のあらゆる知は、それが教派の信仰に挑戦せず、それを否定しない限り、喜んで取り入れ自分の信仰を強化しようとしますが、真っ向から否定する知は、きっぱりと切り捨てるだけでなく、敵対的な知であると嫌悪します。その判断の背景には、神対悪魔、善と悪、という価値判断が働いており、信仰を揺るがすための悪魔の誘惑とみる信者も多くいます。

聖と俗という価値のカテゴリーがもちいられることも多く、一刀両断にすっぱりと割り切る思考方式に拍車をかけます。宗教ではその聖域をつくるために結界をもうけて、その領域に評価や分析など、ものごとを正しく見るために必要な営みが入らないようにする仕組みがあります。

こうした入室禁止の秘匿性《ひとくせい》をつくることによって、それが神秘で貴重なものという感情を生みます。人は手に入らないが故にそれを価値あるものと考える傾向があり、思考や分析が及ばない領域を設けることによって、それが価値感情を高めることになります。こうしたメカニズムによって、その内容に関わらず、どんなに奇妙キテレツな教えでもそれが「聖なるもの」として存在しえたことは、歴史の知るところです。

価値の一元的集中

宗教における権威は、信じる人々がいるということに依存していますから、その教派の信仰、すなわちその教義と最高権威である神の代身、メッセンジャーたる教団の最高権威者を否定する者は、全ての価値に反する人と映ります。いうなれば愛、平和、幸福、平等、正義などすべての価値が、教派の信仰の中に組み込まれており、その価値の具体的な実現である活動や儀式は、教派の最高権威者の判断、解釈、指示に依存していますので、教派の最高指導者への挑戦は、あらゆる価値への挑戦、否定となります。

排他的教派主義というものは、こうした価値の一点集中、中心への収斂、吸収という力学で成り立ち、それを支えているのが信仰です。したがって、その中心点の批判や否定は、自分の信仰をかけた戦いであるだけでなく、その理想に人類や世界の救済というテーマがある場合は、人類、世界を救済するための闘いとなります。このメカニズムは、救済主義的なテーマを掲げているマルクス主義にもあてはまり、分派間の闘争の熾烈さはグループへの宗教的献身がもとになっています。

フランクルの視点と教派主義

フランクルの視点は、こうした価値が信仰にロックされ、その信仰が宗教権威者を中心軸としている教派的信仰とは少なくとも三つの点で大きく異なっています。

第一に、教派的信仰があらゆる価値も人生の意味も信仰に依存する一元的価値観だけでその視点が形成されているのに対し、フランクルの場合、価値と人生の意味の原点が、信仰に依存しない、信仰以前の、一人一人の人間の存在と人生そのものに置かれている点です。人間が存在するということ、人生そのものが意味と価値の原点であり、その事実は信仰以前の事柄です。

いってみればフランクルの視点のイメージは、地上に重心があり、信仰はそれぞれの信仰が描くもう一つの重心です。複数の信仰があるわけですから、信仰の重心はたくさんあります。幾重にも重なり交差する複数の円がありながら、地上の重心は信仰にかかわらず共有しています。信仰や世界観は変わっても、人間の存在、人生に意味があることはかわりません。そして、フランクルが、絵画になぞらえて語ったように、人間は雲を描くことによって空を描きますが、空は雲ではなく、さらに広がっています。同様に、人間が宗教で描く神は、描かれた雲のように限定的で限界があり、神そのもの（それを信じる者にとって）は空のように、描き得ないさらに向こうに広がっている存在です。

特定の宗教信仰が他の信仰者を異端、異教、偶像崇拝、世俗主義とレッテルを貼って攻撃したり、家族の者、他の人々に、自派の価値観をもとに犠牲と苦悩を強制するのは、空に描かれた雲を絶対的な唯一の重心とする地に足のつかない空虚な視点です。

排他的教派主義というものは、信仰以前にある人間の意味、価値を見失うことによって、人間への共感力、本当の意味での愛と良心が失われた思惟でしょう。

自分の信仰が最高だと思うことは、それはそれでありうることです。ちょうど、自分の両親が、最高の親だと心から確信することはむしろ幸いなことです。しかし、自分の親が最高だというのは「自分にとっては」という留保条件付きです。教派の信仰の普遍化、全体化、絶対化は、この留保条件を取り除くことで成り立っています。このとき視点が視点ではなくなり、理解におけるパースペクティブのパースペクティブ性がなくなり、教派の視点がすべての思惟を飲み込むという事態が起こります。教派主義は、あえてその視点の絶対化、全体化を正当化し、それを信仰の名のもとに推し進めます。この傾向は、教派主義的信仰を見つめ直すことそのものを困難にしています。

第二に、フランクルの視点では、一人一人の人生の意味も価値も個別化しており、その人固有のもので、愛も良心も、一人一人に寄り添うことによって育まれます。愛も良心も、信仰以前に一人一人を見る視点がないと抽象的な観念にとどまってしまいます。ところが教派主義的信仰は、信仰とは独立した一人一人の人間の意味と価値という視点を欠いているために個別化への視点が欠け、その結果、愛などの価値が抽象的なスローガンとなります。言葉としては愛、幸福、正義等の普遍的価値を訴えているのですが、それが実体化し現実化する一人一人の個人の人生という足掛かりがないために、価値が空回りし、愛を語りながら観念の中を漂うだけの実質のないものとなります。信仰の教えでは一人一人の人間を大切にし、愛するとうたっているのですが、愛を可能にする、信仰以前の一人一人の人生の意味と価値という視点が欠けているため、実質的な共感力が失われ、愛が育たず、良心が麻痺するという事態がおきます。

神の愛を語りながら、圧倒的に共感力がなく、それでいて信者本人は誰よりも愛を実践していると思っているという、自己意識と実質の乖離がそこにはあり、その分離、乖離、矛盾は全く自覚されていないという事態が生まれます。その結果として、帰結するのは偽善的な人格と文化です。イデオロギー化した信仰が、信仰者を非人間的、非良心的、非人道的な人格を生む背景に、こうした価値の足掛かりとしての個人へのまなざし、共感力の欠如があることは否めません。宗教信仰によっては、こうした乖離がないものも多々あることは断っておきたいと思います。

第三に、フランクルは、一人一人の信仰を尊重しますが、神にしろ、真理にしろ、宗教信仰を含むどのような人間の営みも、その把握は、暫定的、限定的なものにとどまり、そのために多視点、多次元的な視点で、複数の学の視点が不可欠だという多次元的視点に立っています。そもそも解釈の枠組み、視界の地平はみえるものを限定します。限定的であるがゆえに、人は新たな視点を求め、そこに続く探求や発見が意味あるものとなります。さらに視点が限定的であるがゆえに、複数の視点、自分以外の他者の複数の視点との対話、協力という開かれた姿勢が生まれます。

教派的宗教信仰は、その実質的な内容の有無にかかわらず、視点そのものが閉じられたものとなります。この閉鎖性は、その信仰に組しない人の苦しみ悲しみ、その視点をくみ取ることができないという共感力、理解力の減退をもたらします。信仰に熱心な人の心のかたくなさは、単に信仰に熱心だということだけでなく、閉じられた信仰の視点が、信者の心をも閉ざし、一人一人の人への共感力、自分とは異なる視点の理解を困難にするとみることができます。信仰のゆえに心の通じない、信仰だけを語る機械のような人間がうまれるのは、教派信仰のもつ極端な価値の一元化と閉鎖性によるものです。

宗教信仰は、ある特定の観点から人間と世界をみる視点を与え、そこに一定の価値観を提供することは当然のことです。また、信仰者が、そうした視点から自分の生活やこの世の事柄を解釈するのも当然です。問題は、その視点が普遍化、全体化、絶対化されて、そこに優劣の秩序づけが加わることによって、視点が硬直化し、ひとりよがりの独善的な思考にロックされることです。

信仰以前にある人間の意味と価値という視点が失われることにより、信仰が唯一の価値の源泉となり、相手がとる信仰への態度によって、極端で単純な色分けがされるという事態が生じます。そして、自分の信仰に忠実であろうとすればするほど、犠牲もやむなしとの視点が生まれ、非人間的な行為も辞さないというかたくなな姿勢が生まれます。

組織化による権力意志の影

フランクルは、教派主義の本質を、教派の拡大という点に見ています。アドラー心理学が、優越感―劣等感を人間の心理をつかさどる軸と見たことに対し、フランクルは、優劣という思惟が権力意志を基本にしたものであると分析しました。フランクルはその教派主義の批判に、権力意志への直接的言及をしてはいませんが、彼の教派主義の排他的優越性への批判には、そこに権力意志を見て取っていることは察することができます。既に引用しましたが、フランクルはこう指摘します。

「ここに示されているように、宗教の概念は最も広い意味でとらえられ、教派や宗教組織の代表者が公布する狭い神の概念をはるかに超えているのは確かです。彼らは、その価値を傷つけるとは言わなくても、神は、その教派の特定の信条にそって最大多数の信者が信じることに主要な関心があるものとして描いています。その為に『ただ信じなさい、そうすればすべてはうまくいくだろう』と私達に言うのです」（2000，17ページ）

教派間の熾烈な争いは、教義上の解釈の違いということだけでは説明できない面があります。宗教の教義というものは、もともと曖昧で、どの解釈が正しいのかを決定づける共通の基準は存在しません。たとえば、どの宗教、宗派、教派のどの儀式が真の救いをもたらすかという問いは、それぞれのグループがその絶対性を訴えるだけで、そのグループの外では答えはありません。そもそも宗教の儀式そのものがその信仰の枠内だけで意味を持っているもので、その枠（文脈）を外れれば意味はありません。確定的な基準がないからこそ、相互に矛盾する教えが併存し、共生しているわけです。

宗教は、その教え、価値観に関する限り、世俗の権力（政治的力、富、武力、信者の数、宣伝力等）を唾棄《だき》することでその崇高性、純粋性を訴えの柱にします。世俗の欲望を絶ち、世俗の欲得を求めないことでその崇高さ、聖なる気高さ、理想の美しさ、永遠性を訴えます。その一方で、その「崇高な」理想で、権力を導き保護するという国家の安寧をうたう宗教もあります。また、自らの宗教組織の拡大こそが、世に平和をもたらすと唱える宗教もあります。いずれにせよ、自分自身は俗世のように、力には堕さないことを前景に打ち出します。

しかし、宗教が力と無縁かといえば、それは真逆で、世俗の権力とは違う形で、ある意味ではもっと徹底した形で力を行使しています。地上の権力が、生きている人間に力を行使するのに対し、宗教は、永遠の死後の世界に力を行使します。実際に効力があるかどうかはわかりませんが、すくなくとも建前では、そう主張しています。たとえば、カトリック教会は「破門」を武器にして、政治権力をコントロールしようとしました。

力が効力を持つのは、人間に「恐れ」があるからで、統治に、人々の『恐れ』の感情のコントロールがどれほど重要かということを鮮明に把握していたのはマキアベリです。恐れの感情を統治に用いているのは、地上の権力も、宗教も同じです。破門されたら「おまえは永遠に地獄行きだ！」と脅し、それを恐れる人間の感情をもちいて、カトリックはその権力を維持しました。どの文明でも、太古から現在まで、あの世での覇権を武器に、人間の未知なるものへの恐れの感情をうまくつかいながら宗教は、その力を保っています。

ちなみにもし神が存在したとしても、何の力もない無力な存在であったとしたら、人はどれほど神に注意を払うでしょうか？　愛はあっても金も力もない非力な人のように、何もできず、ただおろおろするばかりの存在だったとしたら、人は神の「権威」なるものに従うでしょうか？　ましてカトリック教会が、死後の世界、永遠の生の運命の鍵を握っているということがなかったら、誰がそれほどその「権威」に従うでしょうか？

地上の既成の権力は、いやおうなしにその力を行使します。しかし、宗教における権威は「信じる」ことが前提です。どんなに宗教の権威をかざしても、誰も信じなければただの人です。実際に、精神病院には、自分が神から選ばれた預言者であり、イエス・キリストの再来であると思っている患者もいます。その人は「その証拠に、自分があまりに重要なので、毎日医者が自分の健康をチェックし、自分が話すことを医師も看護婦も、スタッフも真剣にメモをとりながら聞き入っている。皆私に会うと笑顔になる」といいます。

たとえばカトリックとたもとを分かったプロテスタントにとっては、カトリックの「破門」は何の意味も持ちません。死後の世界の運命の鍵を握っている等の教説をもとにして、「恐れ」を土台としてカトリック教会はその権威を維持しました。ですから信じなくなったとたんに、恐れは消え、権威も消滅します。

さらに宗教組織は、あらゆる組織と同様に、資金力を必要とし、政治力、宣伝力も行使します。目に見える形でその「栄光」や「偉大さ」をあらわすために、華麗で巨大な教会や寺院を建てるのは、よくあることですが、資金力がなければそれも不可能です。教えでは、華美で絢爛な世俗の富を捨てるように教えるのですが、実際には、宗教ほど華美、絢爛、壮大さを求めるものはありません。つまり資金の調達が不可避であり、その資金調達にも、あの世での生活の「約束」と、あの世の成り行きへの不安と恐怖をもとにして力を行使します。いうなれば地上の権力は、直接的に権力を行使し、宗教は、あの世を迂回して権力を行使するといえます。両者の違いは、地上の権力が直接的に行うのに対し、宗教は、普遍的な価値や理想を前面に掲げて、見えにくい形でその力を行使するという点です。

いいかえれば価値の言葉が前景に掲げられて、信者の意識はそこに向けられているために、力の側面がその陰にかくされ、見えにくくなっているということです。力のメカニズムが背景に沈むと、たとえそれが組織を動かす主要因であり、信者もその力によって動かされていても気づかないという状況が生まれます。

信仰組織だけでなく、マルクス主義等のイデオロギー集団でも同様の事態が起こります。正義や人民の名のもとに、反動分子を粛清するという時、本人はイデオロギーの掲げた価値観を固く信じています。かつて連合赤軍において、リーダーへの忠誠心をめぐってリンチ殺人がおきました。メンバーはあえて自分の兄弟や恋人をリンチすることを命じられ、その命令に従って愛するものをリンチし殺害しました。前景には正義や平和などの理想と価値を掲げながら、実質的には権力の行使以外のなにものでもありませんでした。この前景と後景の二重構造は、イデオロギー化した集団に共通に見られます、

政治的権力闘争にもこの二重性はつきものですが、政治の場合、権力闘争がむき出しで誰もがその価値の言説は二の次だと思っています。イデオロギーが絡むとこの二重性は見えにくくなり、ことに宗教の場合、いっそう見えにくくなります。宗教の場合、組織の指導者も信者も、価値の教説で力の論理が見えなくなり、二重性に無自覚な場合もあります。二重性に無自覚なために、意識と実質・行為の亀裂、矛盾が、偽善的人格と文化を生むとしたら看過できないことです。前景にたてられた理想的価値を信じながら、現実には力の行使に駆り立てられていたということは悲劇的な事態だと言わざるをえません。

力は人間を目的から手段にする

組織が権力を軸にして回り始めると、そのほころびがいろいろなところで露呈します。その一番顕著なものが人間の道具化です。人間を有用性の視点から見て評価することは、もちろんあります。会社や組織で「役に立たない」となれば、解雇されます。家庭では、愛情のゆえに「いてくれるだけでいい」という関係もありますが、企業や組織では、その有用性が問われます。しかし、人間に有用性という面があったとしても、人間を役に立つかどうかという視点だけでみることがいいかどうかは別問題です。カントはその倫理学で、人間そのものが目的であって、手段としてのみ見ることが道徳に反することを指摘しました。

力の視点は、人間を手段とみて「使う」ことを考え、目標を達成します。つまり、力の視点は、人間を目的達成の手段として使うことを促します。価値観としては有用性、目的達成に役に立つかどうかという視点です。

問題は宗教組織において、目的と手段の逆転が起こり、人間を手段、道具として使い、人間を物象化（人間を物と化す）することが起きた時です。たとえば、宗教組織が自分の排他的優越性を信じ、その教化を世界に及ぼそうと思っていたとします。人類の救済を掲げる宗教は、宣教による人類の救済という目標をもっていますので、その教えの内在的な価値観から世界にその影響力を広めるという目標が生み出されます。政治活動、宣伝、布教、教育、他の団体との連携、広報活動、そして目に見える形でその教えの権威をあらわす建造物の建築等、資金の必要性はきりがありません。そこで資金調達にまつわる問題が発生します。

宗教組織が献金をノルマとして課し、その達成が組織の目標となり、信者そのものがその目標達成のための道具、手段となることがあります。たとえ信者が財政破綻しようと、過度な献金で家族が貧困を強いられ、それが離婚や家庭不和、親類からのつまはじきにあおうとも、手段としての人間は、どれだけ献金したかという数値のみが価値の指標であって本人の事情や状況は視野に入りません。人間を手段、道具とみる視点は、伝道、勧誘にも及びます。高額献金が可能な人を選んで伝道するという方法が生み出されます。しかし、純粋に有用性からの視点で見ると、献金が可能である限りその人は価値がありますが、一文無しになれば無用です。

その宗教組織に批判的な観点でみると、その活動にも儀式にも意味がないので、活動全体が単なる献金の収奪と信者の利用にしかなりません。宗教に批判的な人だけでなく、その教派に反対する競合する教派の人も、そういう視点で見るでしょう。

信者とまわりの人の視点のずれ

しかし、肝心の信仰者は、自分の犠牲は、宗教への献身であり、神や仏の功徳を受けるものと思っています。現世で得られなければ、死後の来世で得られると確信しています。たとえば母親が入信し、家も土地も、貯蓄もすべて献金して、家が貧困のどん底に陥ったとします。子供や親戚からすれば、あるいは信仰をしていない夫、あるいはその父母からすれば、狂気の沙汰です。無責任で、自分勝手な振る舞いです。

しかし、信者本人は、全ての犠牲が「あなたたちの幸せのため」、世界のため、神のためで、死後には報われる尊い犠牲でしかありません。献金額がどれほど常軌を逸していても、それが自分とその家族を財政破綻に追いやることを知っていても、さらに、子供や親族、時には配偶者がどんなに反対し、再考を涙ながらに懇願しても、信仰のゆえにそれを「乗り越えていく」という行動にでるでしょう。

本人以外の視点から見れば常軌を逸した狂気的で、道徳的責任を放棄した行為とうつるほかはありません。反対されればされるほど、信仰者本人は「どうしてこんなに私が、あえてつらい思いをして自分を犠牲にし、あなたたちを犠牲にしているのか、今は、わからないでしょう。でも、いつかわかる日が来るから。死後の世界にいけば、必ずわかるからね」と確信しています。つまり、ここには、自分が有用性の視点で利用されているとか、自分も人を利用しているとか、そういう視点は皆無です。少なくとも、意識の上では、そう「純粋に」思っています。

しかし、自分の意識上における「信仰にのっとった正しい行為」と、それが実際に生んでいる現実、思いやりをもって人を愛すると言いながら、子供や家族を苦しみに追いやっているという事実、将来はよくなるといいながら、経済破綻のまま老後を迎えている信者の現実など「信仰における正しい行為」が空転し、現実とは真逆になっているという矛盾に気づく信者もいます。

信仰が自分の価値観のすべてになっているいわゆる熱心な信者は、それ以外の価値観でものを見ることができないという「心が信仰にロックされた」状態になっているので、他の視点はとりにくく、批判されればされるほどその信仰にしがみつくことになります。

しかし、フランクルが指摘したように、人間の価値、人生の意味は、信仰の選択以前に、信仰とは独立したものとして人間の存在そのものに伴っています。存在する、生きているということが、意味として在るという事態です。人生に意味があるからこそ、人間の存在に意味と価値があるからこそ、信仰なり世界観が意味を持つわけで、その逆ではありません。

一元的価値観から多元的価値観への移行の困難さ

こうした視点にはっきりと気づくことはなかったとしても、自分の信仰の絶対性、絶対的な正しさが、直面する事実を通してほころびることがあります。つまり心が信仰にロックされた状態に「遊び」が生まれ、そのわずかなすきまから他の人への共感力、本当の意味での愛や良心が顔をもたげます。価値観の転換、一元的な価値観から、多元的な価値観へのシフトは、ロックを外すためだけでなく、一人一人の人としっかりと向き合い、そこから愛や良心の動きを得るために不可欠です。ところが、愛を説く信仰が、イデオロギー化すると心の眼でものを見、心で感じることができなくなり、イデオロギーでしか見られないロボットのような存在になるでしょう。

心が一元的な価値観にロックされた人が、多元的な価値観に開かれてゆくためには、あの世の物語にまつわる不安や恐怖（中世カトリック教会が、その力とした来世における教説）から解放されねばならず、それは簡単に代わりが見つからないので難しいということがあります。もともと宗教の物語は、その知の性質上、どの物語にも確証はなく、むしろ自分がそれを実践し生きていたことにより、それを疑いたくないという「願い」「希望」が、信仰者をその信仰に結び付けています。

信仰によって生きてきた人にとって、他の視点をとることは、自分自身の人生の否定や再解釈を伴い、信仰共同体で築いた人間関係も再考することになるため、とても難しいプロセスを伴います。簡単にいえば、自分がこれまでやってきた人生、自分のアイデンティティ、人間関係、人によっては（宗教組織の中で結婚相手が決められた場合）結婚そのものが問いに付されるので、どう対処したらいいかわからないという手立てのない事態に直面します。

意識するしないにかかわらず、こうした自分の過去と現在、未来を問い直さざるを得ないので、対処の方法すらわからないという困難があります。宗教も思想も、服を変えるように簡単に着替えることはできません。着ている服は、脱げる服ではなく、自分の身体の一部、自分のアイデンティティーの一部になっておりどう対処したらいいかわからないのです。さらにその代わりがあるかといえば、信仰の教義だけでなく、そこで築いた人間関係もあり、時には組織の給料で生活しているという場合もあります。こうした複数の文脈の中に「信仰」というものが存在しているために問題は複雑です。

どうして信仰の暴走に歯止めがかからないのか？

ここに疑問が浮かびます。組織の指導者やメンバーの中には、その矛盾や非道な献金の仕組みに気づいている人もいます。しかし、組織の命令であり、より「大きな大義のために『多少』の犠牲はやむなし」と考えて、やむを得ずそれを遂行し続ける人が大半でしょう。どうして、ここに歯止めがかからないのか？　私はここに三つの問題があると思います。

第一は、意識をなしている前景と、自分の行動原理を律している意識下の世界の分裂です。

第二は、意識上の世界では、普遍的な価値が占め、信仰の価値観が自分の行動原理となっていると考え自覚しているものの、実際には、意識下の組織の命令という力の原理が人間の行動原理になっているということです。この意識上の世界と、意識下の世界の分離により、自分では信仰の価値に基づいて行動していると思いながら、実際には、力の論理で行動しているということです。

第三に、価値の言葉で、力の行使、人間の道具化が遂行されるという矛盾です。

人間を道具、手段としてのみ使うということは、他の人にたいして行われるだけでなく、その信者本人が自分を道具化しているということでもあります。そして、それが無意識のうちになされているということです。つまり、意識上では善なる行為をしていると自覚しながら、現実には、非道な行為を非道とも思わず、一人一人の苦しみに寄り添うわけでもなく、粛々と遂行するという逆説です。

このメカニズムは、イデオロギー的行動に共通しています。思惟が二分していながら、その自覚がなく、意識上の前景にある価値観で行動していると思いながら、実際には意識にはのぼらない、あるいはうすうすと気づきながらも注意をひかない、意識下の力の原理で行動しているという仕組みです。

赤軍派の一員が自分の兄弟に対し「反動性を除去するために」暴行することを求められ、リンチ殺害に至った事件も、形態は異なりますが、イデオロギー行動におけるメカニズムには似たものがあります。カトリックが行った異端審問と魔女狩り、分裂した教派への闘争など、高尚で崇高な価値を掲げ、その価値を守り、その価値観に基づいた正しい行動と自覚しながら、価値とは真逆の行動をとるという矛盾が、そこに共通する特徴です。

むろん行為の苛烈さの程度は異なっていますが、意識における高い理想と現実の行為のギャップには、ある共通した構造があるように思います。ここにあげた三点について、もう一度詳しく見ていきたいと思います。

意識上の前景と意識下の世界

信仰による価値観が、その信者の意識の世界、意識の前景を覆ってしまうと、たとえそれにブレーキをかける「まともな視点」があったとしても、信仰の価値観がそれを凌駕し、その結果、それ以外の視点は圧殺されます。

「信仰は、理性を超えたところにある」という教説を持ち出して、信仰の暴走を正当化する人もあり、組織も共同体も、こぞって暴走的行為、たとえば高額献金による財政的自殺を「信仰の証し」として称賛します。つまり地から足が離れ、夢想に近い理想に舞い上がっている信仰者の意識を、さらに追い風で後押しするように、更なる高みに飛翔させます。地上には、塗炭の苦しみにあえぐ家族が残されたままで。

実在を飛翔した観念の世界を、あの世に置いたのはプラントンです。ニーチェは、『善悪の彼岸』のプロローグで「キリスト教は、大衆向けのプラトン主義だ」といいましたが、信仰者にとってその宗教の物語で描かれた世界こそが実在であり現実です。善悪、愛、平和、幸福、あらゆる価値は、その「実在世界」に存在します。信仰者はその世界で生き、喜怒哀楽、善悪の価値判断、希望と絶望、苦しみと救済など、その生活の精神面は、その「実在世界」を行き来しています。

価値が信仰で設定された価値に一元化された場合、現実生活を送りながらも、自分が直面する出来事も、また出会う人との経験も、全てが信仰の価値観ですくいあげられます。言い換えると信仰の視点が解釈の枠組みとなり、その枠組みの中でのみ解釈が行われます。善も悪も、人の苦しみの意味もすべてが、その価値観で解釈され、信仰にコミットしている人であればあるほどその傾向は著しくなります。

しかし、信仰者の中には、信仰の限界を良くわきまえていて、物事を複数の視点で見ている人もいます。徹底してやってみて、その信仰の限界を見て、別の道を切り開く人もいます。たとえばルターはカトリックの信仰をとことんやってみて、その限界を見出し、全く別の道を開いた人です。

舞い上がっている人も多い中で、地上に足がついた人もいるのですが、組織からのノルマや命令があった場合、おかしいと思いながらも、結局はその命令に従うというのが大勢です。

教派の締めが強い組織の場合、どんなに理不尽な命令でも、それが明らかに道義的一線を超えているものであったとしても、それに直接に反対することは御法度です。組織の与える具体的な命令は、常に神の命であり。天命です。それに異を唱えるということは、天の命に反することであり、あらゆる批判と非難の対象となります。宗教は寛容や愛を前景に掲げていますが、既に述べましたように、ことに教派主義的信仰組織においては「その信仰を否定しない、グループの宗教権威者を否定しない」という前提条件付きです。信仰に疑義を投げかけ、宗教権威者の権威を問う者に対しては、その者をを排除するか、それが出来なければ容赦なく弾劾し、攻撃すら辞さないという排他性があります。組織の命令が、最終的に、その組織の最高権威者の命としてくるので、そのノルマなり命に反論することは、あらゆる非難と誹謗を覚悟しなければ出来ないことで、事実上不可能です。

その結果、どんなにそれがおかしいと思っても「やむなし」と命のままに行動することになります。その人が、教派の信仰による一元的価値観を先行的な視点としている限り、意識上にある前景的な価値観がその人の解釈と判断を導くことに変わりはありません。そしてそのすべての行為が、信仰の名のもとに、価値の言葉で彩られた言説で押し切られていくのです。

価値と権力における盲目

信仰における最大の危険のひとつは、権力の視点が滑り込むことに盲目であることです。組織は、力関係で組み立てられ、指令が伝達され、管理され、施行されます。排他的教派主義においては、その教義にあった一元的価値観がすべての価値の源泉となりそこに収れんされるため、教派の信仰への態度が重要な意味を持ちます。教派的宗教組織は、神権政治的な形態をもち、信仰を基にした力の運用が是認されており、そのため力の行使が、価値の言葉で語られることになります。

ところがその力の運用が暴走することもあり、それをとどめるメカニズムは存在しません。既に述べましたように、信仰に基づいた一つの価値観、すなわち信者が唯一絶対最高の教えと信じている信仰が唯一の価値の源泉となっているために「価値における盲目」が生まれます。ことに、フランクルが指摘した、信仰以前にある一人一人の人生の価値と意味という視点や複合的な価値の視点は存在しません。

フランクルの視点に立つと、信仰の価値にコミットしていても、その信仰が、一人一人の固有の人生の意味や価値を侵害していった場合、必然的に、その信仰そのものと力の行使をチェックしブレーキがかかります。ところが、排他的教派主義の一元的信仰は、その信仰の版図の拡張、拡大を絶対的正義とし、組織の権威への信仰によって成り立っているために、権力が主軸となり、価値の名のもとに権力意志で組織が動いていても、それを権力意志のなすわざとみる視点も生まれません。いわば、宗教組織とその権威への信仰が、普遍的な価値へのコミットメントとして解釈され、信者の意識の前景では、自分の行為のすべてが価値を実現する善なる行為と自覚されることになります。

しかし、力が組織の中心原理となると、力の暴走が起こります。力は、人間を手段、道具という視点で見ますので、信者を組織拡大の手段、道具と扱うという事態が起こります。たとえば、信者とその家庭を財政破綻に追い込み、社会的な自殺行為に追い込むことはその典型です。誰もがもつ家庭内の苦しみや苦悩につけこんで、その苦しみを利用して、組織の財政確保に使うということも起こります。

しかし、信仰という名のもとの盲信が、人間一人一人の人生の意味と価値への視点を見えなくさせているために、人間の苦しみへの共感力と、適切な判断力を必要とする良心を麻痺させてしまいます。フランクルが繰り返し述べているように、愛も良心も、一人一人の人生の価値に寄り添わなければ、単なる抽象的な概念、スローガンとなってしまいます。

さらに、意識の前景にある信仰的な価値と、現実に行われている道義を逸した行動との分裂、乖離、矛盾は、信仰者の意識にはのぼらないという、普通ではありえない盲目さが、そこに上乗せされています。つまり、自分は正義、善、さらに真の愛の行為を行っていると確信しながら、非道な行為を自分にも相手にも強いるという矛盾、逆説が生まれます。

宗教信仰に批判的な視点で見ると、宗教活動そのものが詐欺、搾取だということになりますが、むしろ意図的な詐欺や搾取というよりは、イデオロギーにおける権力意志への盲目が主要因です。イデオロギーへの共鳴や確信は、そこにある普遍的な価値への同感がもとになっており、詐欺のようにだますこと、利用することを動機としているのではありません。排他的教派主義は、イデオロギー化した宗教信仰であり、その一枚板の価値観と、その教義、組織、権威者への信仰が盲目化することによって、視点が硬直化し、力の支配に堕したものとみるのが適当でしょう。

信者も組織のリーダーも、普通でみれば非道な行動でも、それを宗教教義に基づいた価値の実践と理解しているでしょう。むろん組織のリーダーの中にも、信者の中にも「自発的信仰」と言いながら事実上はノルマであり強制であること、そのやり方が明らかに逸脱していることに心を痛めている人も多くいることと思います。しかし、その命令や指示が、組織の力の論理で進められているために、むしろ自分の心を押し殺しノルマの達成にまい進することとなります。

教義への信仰が、組織とその権威への信仰を促し、その信仰が力の支配を見えなくしていると私は見ています。信者とその家族を財政破綻に追い込む統治のありさまは、過酷に年貢や重税をとりたてる王朝や領主を思わせます。しかも、民の苦しみに心を痛める官僚もなく、諫言をする重臣もいない王朝は滅亡を免れない、というのが歴史の教訓です。

もしも神が実在するとするならば、神を語る人々のもとに神はいるのではなく、むしろ無言のままに一人一人に寄り添う人の傍らにいるのではないでしょうか。

フランクルが、排他的教派主義を、教派の権力意志に依拠したものとして否定し、価値を「生きること」に定位したことを考えると、宗教の神髄は、中村哲さんやマザー・テレサのような、信仰の有無を問わず、黙々と人を助けることを実践していくことにあると確信します。また宗教信仰と全く無縁であっても、人のため社会のために骨身を惜しまず尽力した立派な人こそ、信仰者が学ぶべきかがみだと思います。神の教説と理想を語ることに宗教の本質があるならば、教派主義者ほど、愛と理想を語る人はいません。そして、排他的権力闘争も、粛清も、人間の手段化も、全て神と愛の言葉で行われるという逆説があります。

4-2　共感力を育むためのメカニズムの喪失

組織化された宗教の多くが、人類の救済、世界の平和、普遍的な愛など壮大な理想を掲げ、ポストモダン風に言えばすべてを解決する「大きな物語」（一つの方法で、全てを解決するという万能薬的な物語で、近代の思想はこうした特徴をもっている）を提示しています。そこでは、信仰にそって組織の指示に沿って行う行動が「愛の行動」と定義されます。つまり、その教派拡大のために力を伸張させるためであっても、その行動は「愛の行動」と解釈されます。それが信者や新規に勧誘する人を財政破綻に追い込むような献金勧誘、献金ノルマの達成であっても、その犠牲は「天に宝を積み」「世界を平和に導く」行為として推奨され「愛の実践」と解釈されます。

その教派の信仰こそが人類の諸問題を解決する最終真理であり、救済の唯一の最終解決であると信じているために、信者は、他の人々をその教派の信仰に導くことこそ究極的な愛であると考えます。政治経済活動もこの一点に収れんしています。そのため、組織が課するノルマも、指示する活動も、この最終真理を伝え、人々を改宗させることに最終目的があります。そして、その目標に向かう活動のすべてが愛の活動であり、そのノルマをいかなる困難をも乗り越え、どんな犠牲を払っても成し遂げることこそ真の愛の行為だと規定します。そして、組織に対しての攻撃や批判をかわすことも、分派活動を阻止することも、反対する家族を説得することも「愛の実践」となります。

つまり信仰に思惟が一元化し、価値がその信仰に埋め込まれているため、信仰を離れた「愛」も「良心」も存在しません。いうなれば思惟のベクトル、方向性が、信仰から一方向に向いてしまっているのです。そして、信者は、その視覚からしかものを見ないし、見ないことが信仰に忠実な事だと理解し、またそう教えられています。つまり他の視点を制限し、見えないようにすることによってその人が「正しい信仰」にとどまり、誘惑を退けられるとされます。

対話と教化

愛がこうした「正しい」信仰に「導く」ことと規定されると、会話は相互的、双方的な「対話」ではなく一方向を向いた「教化」となります。フランクルは、フロイトのサイコセラピーのもつこの一方向的な教化性を批判しました。フロイトのアプローチでは、セラピストは相手の「問題の原因」を知っており、解決法を処方し、相手を「治す」立場に立ちます。原因がどこにあり何であるかはフロイトの理論に依拠します。教派的宗教は、同じように一方的な「教化」を基本姿勢としています。フランクルは「教化」モデルではなく、双方的な「対話」モデルを提起し、多視点から現象にアプローチする方法を提供しました。

「愛する」ということは、相手の自律性、相手の人生の意味と価値を、信仰以前の前提として尊重する所に成立します。一方的な教化というものは、相手を自律した人間としてではなく、ある意味で「自分の意のままにする」ものという、目的よりは手段、道具として扱う姿勢です。ことに確証する手立てが原理的に存在しない宗教の物語に関しては「教える者」も途上にあり、学ぶものも途上にあると心得るべきです。

ハーバード大学の世界宗教の学者、ヒューストン・スミスが、フランクルに質問したのは「価値を教えることはできるでしょうか？」という問いでした。フランクルの答えは「価値は生きることができるだけであって、教えることはできない」というものです。ここには、価値は、生き様によって、その人の生き方によってのみ現れるものであって、相手に「教化」できるたぐいのものではないという洞察があります。

信仰者は「いや、私は精一杯信仰に基づいて、善に生き、愛を尽くしているんです。犠牲もいとわずに。愛しているからこそ、あえてつらい心を押さえて、心を鬼にして、家族の反対を押し切ってまで尽くしているんです。今はわからなくても、いずれわかる時がくるんです…」と言うでしょう。問題は、それが教化という在り方であることを理解していないことです。自分が自分の心を吐露すると同じように、相手もその心情を吐露し、訴えたいことがあることを知るべきです。

対話は、お互いに相手を尊重するということが前提であり、信仰以前に、信仰のあるなしにかかわらず、一人一人の人生にはかえがたい意味と独自の価値があるという視点が不可欠です。何を信じ、どう世界を解釈するかということは、その視点を前提にしてのみ意味を持ちます。フランクルのいう「価値に生きる」ということは、信仰以前にある人生の意味と価値への揺るがない視点があって、はじめて可能になります。

相手の人生への揺るぎない尊敬の姿勢は「教化」を「対話」に変換します。信者が自分の信仰を分かち合おうとすることは自然の成り行きで当然のことだと思います。話す相手もまた、その人の感じ方、考え方、そしてその人でしかわからない状況があります。自分が自分の信仰をわかってほしいと願うように、相手もまた、いやそれ以上に「自分のことをわかってほしい」と願っています。相手が何を必要としているのかということに耳を傾け、その人の人生に寄り添い、その人の視点を尊重し、きめ細やかにそれを理解することが「対話」の前提条件です。その姿勢がなければ愛と良心に必要な「共感力」が決して育つことはありません。対話こそ、人と人の交流であり、教化は、工作のような人と物の関係になることがあります。対話は、語る者聞く者、二人を共に育てる人と人の交わりです。

信仰とは独立した一人一人の人生の意味と価値

一人一人の人生に寄り添うことができず、結果的に愛が育つもととなる共感力が著しく衰えると「愛」は観念的になります。愛は具体的な一人一人の人間とのふれあいを抜きにして存在しません。

たとえば、自分の「存在するところ」を考えてみましょう。「あなたはどこに住んでいますか?」と問われたら、あなたはどう答えますか? もちろん、身体は家を住まいとしています。しかし、よく考えると、自分の存在そのものは、むしろ誰かの心を住みかとし、誰かの心に住んでいるとも言えます。そして、自分が大切に思っている人は「自分の心を存在の場としている」ともいえます。つまり存在そのものの居場所は、物理的な建物というよりも、人間の心だとも言えます。愛というものは、具体的な人との関わりであり、具体的でかけがえのない人の生、存在そのものに関わっているものです。

人類愛とか世界への愛というものは、信仰や文化の違い以前に、それとは独立した人間の存在、人生の意味と価値への視点を持つことが前提です。そうした最も根本的な人間の存在に定位した価値観をもって、それを大切にするということが人類愛、世界への愛の前提にあるものです。

排他的教派主義の喧伝する「人類愛」というものは、その教派主義的信仰至上主義により、信仰以前にある人間の意味と価値へのまなざし、視点が覆い隠されることによって、教派のスローガンになってしまいます。人類愛とうたいながら、教派の信仰の価値をアピールするためのスローガンであり、人を人として愛するという視点が欠落しています。愛というものは、人類愛とか世界を愛するなどというスローガンで育つものではありません。

教派主義的信仰においては、教派の一元的な価値への信仰のみが価値の源泉とされることによって、信仰以前の人間の価値という視点がなくなり、その結果、教派の教義と権威者を信じることそのもの、そして組織の命令に従うことが「愛の実践」と解釈されることにより、愛が観念的な言説にとどまるようになります。よくあることですが、愛の教説を信じ語ることで、人は、自分が愛のある人になったと錯覚します。宗教組織とその共同体では、繰り返し繰り返し愛の言説を語り続けます。すると、その言説を語ることで、自分が愛の人格を備えた人になったと思い込みます。これは牧師や教師にある典型的な誤解です。牧師は、愛の教説を説教することが日課で、ことあれば愛を語るのですが、その人が実際にどういう価値に従って生きているかは、全く別の問題です。しかし、愛の言説が、抽象的なスローガンにとどまりながら、自分は愛の人格を実体化していると思い込んでしまうという現実があり、その乖離への自覚がない事は何をもたらすのでしょうか？

偽善的人格、偽善的文化の形成

教派における信仰者の多くは、熱心に教えを学び、礼拝に参加し、行事や儀式に参加します。教職者はまた熱心に愛の教えを語り、ことあればその大切さを口にします。そして、皆、愛の実践者であることを自負し、世の「堕落」した文化や生き方にため息を漏らします。救世の思いに駆られ、人々を「救う」ために労苦も惜しみません。自分は真の愛の実践者であり、自分の教派こそ、唯一真の愛を体現するべく神に選ばれた者たちだと確信しています。このように信仰者が意識を向けている「意識の前景」とでも呼ぶ領域は、愛の言説でみたされ、意識上は、愛の実践者であることを自覚しています。そこから組織の命令を遂行することは「人類のため」「世界のため」であり、世界に神の愛をもたらすことであると自覚することになります。

しかし、教派主義的信仰においては、信仰とは独立した価値の視点がなく、全ての価値が信仰の視点に吸収されているために、信仰をチェックする基準もメカニズムも存在しません。いわばブレーキのない車のように、力の進行に歯止めがかからず、信者の道具化、家族の道具化が起こります。たとえ、道具化を目的にしてはいなかったとしても、歯止めのメカニズムがなければ、力の暴走をとめる方法がありません。

その結果、愛を実践していると確信しながら、愛とも無縁の非人道的なことも行うという逆説が生じます。そして、この逆説が、偽善的な人格を形成し、組織には偽善的な文化が蔓延します。偽善には意図的に善を装うという場合と無意識的に偽善を行っているという二種があると思います。ここにおける偽善は、多くが無意識的な偽善だと思います。つまり、意識の前景を覆っている価値観から自分の行動を解釈し、意識としては善をなしながら、気づかぬままに道徳的な一線を超えて、自分も相手も手段化、道具化するというものです。

結果的に、口を開けば愛を語るサイボーグのような人格がつくられます。しかし、人間への共感力は著しく欠如しています。組織内では、あいも変わらず愛を語り、お互いに自分達こそが最高最善の真理にのっとった最高の人格者であると、語り合うことで自認し互いにそれを確かめ合っているというわけです。むろん中には例外的な人もいますが、組織の流れからは外れた変わり者扱いされていることと思います。

信仰は無条件に自由か？

宗教は「信仰の自由」の名の下で守られており、宗教への規制は、事あるたびごとに「信仰の自由に抵触することだ。けしからん！」と反対する人が多くいます。ひるがえって、では、どんな信仰でも「信仰の自由」のもとに守られるのかという問いを考えてみます。たとえば「私たちの信仰では、奴隷制は認めています」という宗教があったとした場合（イスラム国は奴隷制の容認を訴えました）、その信仰は守られるべきでしょうか？　もしそれが何かの原則に抵触するとしたら、信仰の自由を成立させる道徳的条件は何でしょうか？

宗教の自由は、基本的人権の一つで、それが基本的人権の一部であることによって成り立っており、個人の人格の尊厳を守るという前提があります。ですから奴隷制などの個人の尊厳を無視した信仰には、その信仰の自由を守る理由がありません。ここでもカントのいうように「人間は目的であり、手段としてのみ扱ってはならない」という条件があり、奴隷制は、明らかに人間を家畜、道具として扱うわけですから、道徳の原理に反します。「信仰の自由」における自由は、無制限の自由ではなく、個人の尊厳を守り尊重するという条件のもとに成立します。

排他的教派信仰においては、信仰システムが唯一の（しかも絶対で最高の）価値体系となりますので、自分の行き過ぎをチェックするメカニズムが欠如もしくはとても弱いのが通例です。信仰に基づく暴走は、ときには相手への攻撃的な態度となり、あるいは執拗な法的闘争、時には暴力ともなります。異端審問、魔女狩り、分派や他の信仰への攻撃、世俗主義への攻撃など、健全な議論や批判を超えて暴走が起こります。暴走が起こらないまでも、信仰を批判する者に対しては、冷淡あるいは暴力に近い攻撃的な態度をとりがちです。同じ教派の信者に対しても、批判者を黙らせたり排除したり、その教団がうたっている寛容や愛とは、真逆の態度があらわになることが多々あります。

自分を最高最善と自負する自己認識は、それを否定する者には苛烈な態度でのぞむという逆の側面を備えています。ちなみにフランクルは、価値のハイアラーキーについて言及し、価値の高いものほどより広く抱擁すると見ています。この視点で見ると包容力、包摂力に欠ける排他的教派主義は、自己認識としては最高でありながら、最低の所に位置するという逆説があります。

信仰以前の一人一人の人生の価値と意味を守るという視点がないことに加えて、独善的優越感と排他性が、信仰の暴走と攻撃性を助長しているように思います。宗教組織が自分たちの「信仰の自由」を守れと言うならば、その組織が、個人の人格の尊厳を守っているのかという問いが突きつけられ、信仰の暴走をとめるメカニズムの有無も問われるでしょう。

4−3　なぜ宗教は抜け出るのが難しいのか？

宗教に「はまる」理由は人それぞれで、なぜそこにとどまるのかはその人なりの理由があり、一概に断定はできません。しかし、その人が宗教に深く関わっていたのに（関わり方も、いろいろなレベルがありますが）何かの理由でその信仰から離れようと思った場合、離れるのが難しいという事態に陥ります。場合によっては「はまった」まま突っ走り、誰が何と言っても聞き入れず、対話も困難な「アブナイ人」になることもあります。むろん、宗教を実践し、人々から尊敬を集めて、人のために尽力している人もたくさんいます。つまり宗教へのかかわり方も「アブナイ人」から「尊敬すべき人」までいろいろあり、さらに両足を突っ込んだ人から、片足だけを踏み入れた人、足を踏み入れずに距離を置いて観察する人まで多種多様です。

ここでは何らかの形で宗教に「はまった」時、出たい出たくないにかかわらず、どうして「はまらない」状態になるのが難しいのかということを考えたいと思います。思い込みやバイアスへの社会心理学や行動経済学の視点からの著作は多くありますので、ここでは宗教信仰に焦点をあてて人生という視点から考えます。

宗教の「しばり」とは？

宗教信仰は、入ると身ぐるみはがされ一文無しになり、しかも「嬉々として自発的な自己破滅の道を歩くようになる。気をつけろ！」という警告書の類の視点も散見します。

私は、これは排他的教派絶対主義の一元的価値観が暴走し、それに加えて組織の権力意志が、価値を飲み込み、力の暴走をした結果だと考えています。さらに意識の上では「愛と正義、理想の実現」を遂行していると確信し、その実、組織の権力意志の遂行の手段、歯車となって行動するという意識と実体の分裂、乖離もあります。しかもその矛盾にも気づかず、信仰に突っ走ることにより、身近な家族の苦しみにも心を寄せることもできない「飛んだ人」になります。どんなに無茶なことでも平気でやってのけ「私もつらいけど、あなたのためなのよ！」と断言し、会話が途絶えてしまう姿から、身内の者はその信者を「頭が狂った」とあきらめがちに見つめるのは無理からぬことです。信者も教団も「宗教迫害だ！」としか言わず、自分の矛盾に盲目になっているのをみると、その視点が硬直化し、とりつくしまの無さからその教団に対して「洗脳」「しばり」という言葉が脳裏をかすめるのは当然です。

信仰の「しばり」の最大の問題は盲目性です。その盲目性は「私たちは、全てを見通す最善最高の視点、方法、真理をもっている」という確信に裏打ちされています。真理への確信それ自体は特別問題があるわけではありません。そもそも何らかの真理の体験と確信がなければ、その信仰にコミットすることもなく、宗教者は、その修行の途上でこうした体験があったからこそ、その信仰にとどまっているわけです。問題は、その視点の限界をしっかりと理解していない時に起こります。排他的教派主義においては、その教派の信仰が、唯一絶対永遠でその他のどんな教えよりも優れているという確信を持っているために、こと宗教が扱う事柄については「他の人から何か教えてもらう必要もなく、したがって耳を傾ける必要もない」となります。したがって教派によっては、その教派の信仰を書いたものやそれに沿った教職者、宗教権威者の言葉だけをひたすらに学び、それで安心するという状態が生まれます。

宗教が扱う問題はそもそも死後の世界がどうなっているとか、何が人間の運命を左右するとか、確実なことは誰もわからないことばかりです。世界のあらゆる悪や不幸の原因は「これだ！」と決めて、だから「解決はこれだ！」と、問題もその物語の中で設定され、その筋書にそって「解決」が提示されています。

宗教の教えというものは、その問題と解決がパッケージになっている物語なので、それが解決だと思う人にとっては解決ですが、物事をそんなに単純化できるのかと思う人には解決にはなりません。人によってはその物語で「救われた」と感じる人もいますし、物語の単純さや根拠の曖昧さでとてもいただけないと思う人も、単なる権力の道具だと思う人もいます。人によって求めているものの、必要としているものが違うので、宗教への態度は自分が決めるしかありません。現実には、政教一体のイスラム教の国家のように、国家が権力で特定の信仰を法的に強制している国家もありますが…。

しかし、宗教には、その他では得られないような心の支えを与えてくれるという面もあります。人生にはどこにもやり場のない苦しみや問いが満ち満ちています。それは宗教信仰のもつかけがえのない利点であり、フランクルは、その意義をはっきりと認めたユニークな精神医学のパイオニアです。

しかし、フランクルもいうように、どのような信仰を持とうが持つまいが、それで人生の意味が在ったりなかったりするわけではないという点もしっかりと理解することが重要です。人生はそれ自身で意味や価値があり、宗教はそれを基にして一つの解釈を上乗せするものです。一人一人の存在、その人生に意味や価値がなければ、宗教も、科学も、言語も、あらゆる人間の営みも意味がないものになります。この視点を持つことによって、たとえ自分がひとつの宗教信仰にコミットしていても、他の人の信仰や世界観への開かれた姿勢を持つことができます。

さらにフランクルは、愛も良心も、一人一人の人生に寄り添ってのみ開花し、共感の感性が磨かれると指摘しています。人はそれぞれ違う重荷を背負い可能性を持って生きています。重荷を背負う肩幅も違うし、感受性も、人生に向かう視点も違います。悩みも違えば、苦悩にどう向かいうるかという人のキャパシティーも違います。そもそも人生の意味そのものが、人それぞれで異なり、その人にしか見えず、その人にしか答えられない問いです。その人に信仰があったとしてもです。

信仰は、具体的な人生の個別的な問いには、答えであるようなないような曖昧な「答え」しか与えません。人生のほとんどの問いには、信仰はこたえられません。それらしい物語を語り、人によっては、ある程度の慰みを与えられますが、それ以上でも以下でもありません。

たとえば自分の幼い子供が不治の病にかかったとします。これはユダヤ教の若いラビ、ハロルド・クッシュナー（Harold Kushner）を襲ったことです。彼の子供が三歳になった時、早老病にかかりました。年齢に沿って老いるのではなく、急激に老いてゆく不治の病です。信仰の「友人」は、それが神の罰だとか神の試練だとか「アドバイス」するのですが、クシュナーにとってそれは納得のいく説明にも慰めにもなりません。彼なりの「答え」と思索を『なぜ悪いことが良い人に起こるのか？』（Why Bad Things Happen to Good People）に記していますが、こうした問いに確定的な答えはなく、どんな教派の説明も本当のところは説明にはなってはいません、つまり説明できないことに、一応のもっともらしい「答え」を物語として語るのが宗教であり、それ以上ではありません。愛するということは、人に寄り添うことであり、必要とあらば助けの手を差し伸べることです。除霊や免罪符などの魔術、護国祈願の祭礼などの宗教儀式や祭礼は、文化的意味や心の慰めを（それを求める人には）与えてはくれますが、それ以上ではないと私は考えます。

クシュナーだけでなく、人生には思いもよらぬ不幸が襲います。時に失敗もあり、人生のどん底に突き落とされることもあります。それをどう受け止め、どう解決するかは、単に何かの宗教を信じればいいというものではありません。病気になれば医者が必要だし、財政破綻すれば公的援助や福祉が、精神疾患には精神医療が必要です。宗教は、ある側面からそこに慰めや心の支えを与えて人生を支援するものであって、それ以上ではありません。

宗教が科学のふりをして似非科学となり、行きすぎると危険なイデオロギー化が起こります。そしてその時、宗教信仰は、一人一人の人生に寄り添うことを忘れ、イデオロギーで人間を縛る心の鎖となります。愛は実質を失ったスローガンとなり、信者はそのスローガンの道具となり、「心のない語る機械」ともなります。

フランクルが、人生の意味と価値を、信仰にはよらない、人間が在るという事実そのものに見出し、人生の意味を一人一人の人生にそってあるものとして明らかにしたのは、愛を本当の愛とし、良心を本当の良心とするためでもあるのです。フランクルが繰り返し語った人間らしい本当の人間（decent man）とまともでない人間（indecent man）の分岐点は、ここにあると思います。それは宗教信仰が本来の良さを生かすことができるか、それとも非人道的な行動に人をけしかけるイデオロギーとなるかの分岐点でもあります。

宗教信仰におけるひとつの「しばり」は、宗教信仰への確信ではなく、それのみが唯一絶対であるという排他的な確信、つまり盲信にあります。独断的で排他的な信仰は、信仰をロックする第一のメカニズムです。よく考えてみると、その確信は実際にはかなり怪しいものであることは、自分を振り返るだけでわかります。そもそも「他のすべての宗教や、あらゆる世界観より、自分の教派の信仰がはるかに優れている」と断言できるほど他の宗教や世界観を知っている人はどこにもいないでしょう。宗教の理解には実践的な側面があり、やってもやってもまだ先があるという限界のない理解への道があります。

その教えが最高だということは、その教派が言っているだけで、実は、それぞれの教派主義が同じことを主張しています。どうしてその教えが最高なのかという教えの内実をよく見てみると、実際には考えつく限りの最高だと思えるスローガンはあるのですがその内容はあいまいです。実際には、『こんな世界があったらいいなあ』という人間の素朴な願望に対し「私達こそがそれを実現できるんだ！」と訴えることにより、人を魅了し引き込んでいる場合がほとんどです。

「あなたがこの教えに出会ったのは、神があなたを選んだからだ」という一種の選民感を与えることもあります。自分が無意味で無価値な人生だと思っていた人は、暗闇に閃光がさしたように感じ「そうだ！」と心のときめきも感じます。ヒロイズム、使命感、自分の価値など、ありとあらゆる人生に光を与えるような話が盛り込まれているために、その実際の内容がどうであっても「うれしくなる」要素が詰め込まれているのです。

宗教における「しばり」は「洗脳」という言葉が示すような何か檻に閉じ込めるようなイメージ

ではなく、逆に、映画や物語のヒーローになったような高揚感を与え、喜びを与えることによってそこに留めるという方が適切なイメージでしょう。だから「閉じ込める」のではなく「はまる」のです。「洗脳」という外からの「刷り込み」というよりも、むしろ蜜に集まるハチのようなものです。「信じる」ことに、社会心理学的な要因がないわけではありませんが、もう少し丁寧な心の内からの説明、人生の意味からの分析が必要です。

物語は、複雑な現実からある側面だけを切り取り、それをドラマチックに仕上げます。普通の物語では、読者は主人公に自分を重ね合わせ、そこから共感を得る形でドラマの筋道を歩きます。ところが、宗教の物語は、参加する人をその主人公とし、一気にスポットライトをあてて舞台の中心に立たせます。その物語は、地獄のどん底から天国の彼方まで、この世からあの世まで、そのすべてを網羅した人間絵巻です。しかも、単なる物語ではなく、それを現実の儀式として実生活のレベルに落としこみ、人はそれに参加して物語の一部になります。さらに宗教の物語は、実生活をその筋書にしたがって解釈し、生活そのものを物語化します。当然、その人は、中心に立つ主人公であり、ヒーロー、ヒロインです。つまり宗教は、実体化、現実化した物語です。

人生における生きることの興奮、高揚感、ヒーローやヒロインとなった喜び。これを味わうと「これこそが私が求めていたものだ！」と、そこに人生の意味や居場所を見出すのは当然で、もとの当てもなく興奮もなく、むしろ倦怠と反復、不条理、意味のない苦悩に満たされた生に戻ることは難しくなります。実は、宗教信仰は、矛盾や不条理を解決しているわけではありませんが、解決への「希望」を与えることで不安を解消します。

陰謀理論への「のめり込み」にも同じようなことが言えます。怠惰で倦怠感に包まれ、自分の生きる意味が感じられず、あまりに理不尽で不条理な社会的現実に心を悩ましている所に「もっともらしい話」が飛び込んできます。その物語は、直面している社会問題に対し「決定的」と思われる「秘密」を教えます。しかも、その理論があまりに衝撃的で「真実」であるために、報道機関も政府もそれを隠蔽しようとしているという但し書きがついています。物語の中にそれを否定する要素を排除する仕組みが埋め込まれていて「秘密を知った」高揚感、世界を救う救世主のようなヒーロー感がその人の人生に躍動感を吹き込み、死んだような日常がいきいきとしたものに変わります。

宗教はこの世からあの世まで扱う総合的な物語ですが、陰謀理論は、部分的な物語です。いずれも外からしばって「はまっている」のではなく、自発的にそこにとどまる要因があり、むしろ「ドラマを生きることができる」ことが、人がそこに引き付けられとどまる一つの理由だと思います。これは、宗教が陰謀理論と同じだと言っているのではなく、単になぜ人はそこに「はまるのか」ということに対する人生の在り方からみた一つの説明です。

宗教に「はまる」ことは必ずしも悪いことではありません。問題は「はまり方」であり、その程度です。宗教にも話をドラマチックに仕上げるために、話を誇張したり、創作したり、美化したりと劇的にするために仕上げられた要素がたくさんあります。人がそれを聞いて感心したり、感動したりできなければ、そんな話は聞く意味がありません。宗教の話というものは「そういうたぐいのものだ」とよくわかった上で聞くと、自分なりの適切な距離感をもって聞くことができます。つまり「はまって」いても「しばられない」自分なりの最適な距離を保つことができます。

映画のドラマを見る時、没頭しないと面白くないけれども、それを現実だと思って行動したら狂気です。映画と宗教は違いますが、宗教に関しても、自分の心に響く「真実」の部分を抽出して、それを自分の生活に活かしてゆくというその人なりの判断と、付き合い方があってしかるべきだと思います。

適切な距離をとると、自分の生活、家族の生活を破壊する無茶な献金要求は「ごめんこうむる」ことができます。確証の無い物語に「むきにならない」ことは、健全な自律性を保つのに不可欠です。フランクルは、どの宗派の描く神も創作的、文化的な限界があり、神を人間の把握を超えたところに見ています。同時に、組織宗教の衰退という現象について言及し、宗教はいずれ一人一人のとらえ方に沿ったものに変化していくと見ています。ジョセフ・キャンベルは著名な神話学者ですが、ジョージ・ルーカスは、自分がつくったスター・ウォーズについて、キャンベルの神話学から着想を得て、現代における神話としてスター・ウォーズをつくったと述べています。そのキャンベルは、聖書の物語について、それを文字通りの事実としてではなく、象徴的な意味をくみ取ることの重要性を述べています。宗教儀式にしても、キャンベルは、それをやったら何か実質的な効果があるというのではなく、それが象徴的な意味をもつものとして意味があるととらえます。陰陽師のような実質的な効力を信じる魔術の視点ではなく、意味としてとらえるという視点です。

たとえ宗教信仰に熱心にいそしんだとしても、そこにフランクルのような、信仰以前にある一人一人の人生の意味と価値をしっかり認めていたならば、その信仰や組織が人間を道具化、手段化して人の人生を破壊するようなことは拒否し、批判的に歯止めをかける視点を持てるのです。

つまり宗教信仰との距離の取り方は、その人が決める問題ですが、その近さ遠さにかかわらず「はまっても」しばられず、しばりによる盲目化の危険を避けられることでしょう。組織宗教には、何度も述べるように、組織というものからくる力の論理があり、いつの間にか人間が力の手段となってしまう危険があります。信仰への過度の依存は盲目化を生み、気づかぬままに自分も他人も手段に変え、結果的に危険な行動へも駆り立てます。車のハンドルにもあそびがあるように、信じることにも、適切な距離感が不可欠だと思います。「あそび」がなくなると信仰が硬直化し「アブナイ人」の仲間入りです。教派主義的宗教組織は「距離をとれ」などとは絶対に言わず、むしろ「アブナイ人」になることを勧めます。しかし、それは組織そのものを「アブナイ組織」にしてしまう危険性があります。

私は深い信仰というものは、むしろ宗教の限界をよくわかった上で自分の心に本当に響く真実をいろいろなところから見出し、自分なりにそれを自分の人生の糧として組み入れていくことだと思っています。

さて、組織宗教の大きな特徴は、その物語が共有化されていることです。次にこの問題を見ていきたいと思います。

システムとしての信仰

組織宗教においては、信仰はシステム化されています。宗教の物語が、現実味をもって感じられるのはそれがシステム化され、実践的な共同体験として共有化されているからです。自分一人で物語にかかわると、自分の考えや感情を共有化できないので、物語のファンタジー性が残り現実味が薄れます。

信仰のシステムには、教義、それを象徴的に形式的な行動におとした儀式、経験や解釈を共有し相互に支えあう信仰コミュニティ、そして信仰を解釈し、共有するためのものとしての言語、さらにはその信仰を楽しめるものに仕上げた音楽や絵画、文学などの文化などがあります。

信仰における規範やタブーなどの価値観は、システム全体の中に浸透しています。個人が自分で信じている物語は、どうしても現実性に欠けるために、逆に距離もとりやすく「しばり」もありません。しかし、システム化した信仰は、宗教の物語を人が「生きる現実」に変え、それを共同体で分かちあえるものにすることによって、信者にとって問う必要もなく、問題にする必要もない当然の事柄として知の前提に滑り込みます。

その教派の宗教の物語は、問いの対象ではなく、あらゆる問いが発生する地盤、母体、疑い得ないものとなり意識前のもの、いわば信者がよって立つ生の地盤、自分のアイデンティティーを支えるもっとも確かな地盤となります。


それでは、信仰システムの一つ一つの要素を見ていきましょう。宗教のシステムには、まず教義がありますが、それだけでなく教義を象徴的に実践できるようにした儀式があります。教義そのものではそれをただ心の意識面に訴えるだけで、教えを定着化させるには不十分です。意識面だけでなく、その教えを行動を通して体験させ、その体験を共有させてゆくメカニズムが必要です。それが儀式です。

儀式にはいろいろなものがありますが、宗教が疑似科学になるとその儀式が魔術的な効果をもつものととらえられ、干ばつ下での雨ごい、疫病をなくす加持祈祷、国を守る護国祈願となったりします。もともと宗教は、原初的な知として、吉凶の占いから天文学、疫病対策、自然現象のコントロールなど、その地域の主な生活形態に沿って生まれ、形成されてきた経緯があります。農耕地帯では農業に即した神と治水、天候の制御など、農業に即した神話と儀式がうまれ、その知は、今でいうあらゆる科学、技術、芸術、スポーツ、音楽、宗教が一緒になった原初的な知です。その原初的な知が分化しながらそれぞれの知が、その限界と有効性を明らかにしながら今日の知となったと言えます。

この原初的な知は、よく言えば神秘的で、野生的、生命力あふれた豊かな知であり、悪く言えば怪しげなもの、いい加減なもの、明らかに間違ったものがごちゃ混ぜになったものです。しかし、すっきりしていない、その原初性のゆえにもつ固有の魅力もあります。人間の原初的なルーツにそっと触れるような生命の力、野生の知なのかもしれません。

こうした原初的な知には「怪しいな」と分かった上でその原初性の魅力に接するという対し方もあると思います。しかし、現在でも、宗教が疑似科学として登場することもあり、宗教儀式は、その時、ある種の技術として現れます。儀式は、実質的な効果は誰もわからず半信半疑なのが普通で、古代宗教のように似非科学となるとむしろ「アブない」こともあり、適切な距離の取り方が必要です。

たとえば、海に出る漁師が安全を祈願して竜神様に安全を祈って祭礼儀式をするのは、その実質的な効果の有無ではなく、その切実な祈りを形にしたことに意味があると思います。実際にどれほどの効果があるかはむしろ問わずあいまいにしておくことで、切実になり真剣に祈りながらも、とらわれないという姿勢が確保されます。１００パーセントの効果は期待せず、かといって効果はないとは思わず「それなりに意味がある」ということでとどめるのが知恵です。信じる程度はその人次第です。

ほかにも代表的な儀式として葬式がありますが、それも行動様式化した死者への成仏、鎮魂への祈りであり、残された遺族にとっては、悲しみにけじめをつける「お別れ」でもあります。葬儀も、供養も、お供えも、心を込めてすることそのものに意味があるのであって、それが実質的にどう死者に影響しているかどうかは誰もわかりません。死後の世界は、それぞれの宗教が描く物語に沿って描写されるだけで、実際のところは誰もわかりません。

しかし宗教によっては、それを絶対的に確実性のある技術として提示するものもあります。信者もその教派の儀式を自分や死者の運命をコントロールする技術としてとらえ、それゆえにそこにたくさんお金をつぎ込むこともあります。人々の科学や技術への信頼をてこにして、宗教が、その技術性をうたうもので、古代の疑似科学としての宗教を現代的に作り直したものとみることができます。

宗教においては、儀式を通して新しいアイデンティティーを与えるものもあります。大人への仲間入りの通過儀礼を行い、それを通過すれば新しいアイデンティティーが与えられ、村人もそれを皆で祝い人々もその新しいアイデンティティーを承認するというメカニズムです。キリスト教では「原罪」をぬぐう儀式があり、洗礼名を与えることでそのアイデンティティーを具体化するというものもあります。結婚を「原罪を脱ぐための儀式」と位置付ける宗教もあります。

こうした儀式は、共同体における認証とそれに伴うその人の自己認識の変化という社会的な意味づけに意味があるのであって、物理的実質的な効果があるかないかは検証のしようもなく不明です。人によっては「原罪」をぬぐう儀式を通過すれば「原罪のない」人になると信じ、そのように教えている教派もありますが「原罪」も「罪の許し」も特定の教義の物語の中でのみ意味をもつことがらです。

教派の物語に閉じ込められると、たとえば、原罪をぬぐう儀式を通過していない人は「罪ある」人間として「罪なき人」とは別のカテゴリーに入れて見るようになります。儀式が人間を分類しラベルをつけ、その価値づけをかえる分類基準となります。

教派主義的宗教では、その教派の儀式を唯一絶対のものと位置付けていますので、その儀式がすべての人間を分類し、ラベルを付ける役割を担います。そしてその儀式は、信者に新しいアイデンティティーを与え、それが信仰共同体で共有され、社会化されることによって、物語の内容が「現実化」「実体化」します。つまり物語の物語性がうすれ、いつしかその物語は現実となります。そして、共同体における相互承認は、ときに、共同体に属さない人に対する差別意識を伴って、信者に新しい価値づけ、新しいアイデンティティーを与えます。

排他的教派主義では、その教義も儀式も、特別で、どこにも存在しない唯一絶対のものという信仰をもっていますので、儀式を通して獲得した新しい価値、新しいアイデンティティーは「人類が承認すべき」ものという形で、信者の心に定着します。誇りと「神に選ばれた」という喜びと共に。

こうした心の内側からの喜びは、その他の場所では得難いものです。その宗教の排他的教派主義の傾向が強ければ強いほど「選ばれたという喜び」、どこにもないものを得たという喜びが強く、その喜びが捨てがたいものとして心にしっかりと根を下ろします。自分は「栄光を授かった」という喜びが、他の人にもこれを伝えよう、分かち合いたいという気持ちを促し、それが信者の伝道意欲を掻き立てます。時には「人類を救済する」「世界を救う」使命感を促し、世を救うヒーロー、ヒロインとして生きるという人生の高揚感を与えます。

どんな物語にもファンタジー的な要素、創作性があり、宗教も例外ではありません。宗教の物語のファンタジー性、創作性が、物語の行動様式化で実体験できるものとなり、自分の人生に組み入れられます。それが宗教共同体の中で承認され、共有されることにより、物語が実在性、現実性を帯び、信者はその「現実」を生きるようになります。教派の排他的優越性が、さらにその特殊で特定の「現実」を、全ての人が体験すべき唯一で最高の「現実」へと押し上げます。そのため信者は、その「現実」に生きることを望み、他のどの世界にも行こうともしないという「心の内側からのつなぎ」が共同体内に生まれます。

儀式などの宗教行為を実質的な効果があるものと信じ、その信仰が極端になると、儀式は人生をコントロールする技術となり、意味ではなく、実質的な効果に重点を置くようになります。これはある意味で、宗教儀式や行為を魔術化、疑似科学化することで、その教義に依存した概念をその教義の文脈から外します。その概念が文脈に依存しない客観的で、独立した意味がある行為として推し進めることになります。

人生をコントロールする技術としての儀式

意味と技術の違いは明白です。意味は、それを自分や共同体がどう解釈するかという余地を残し、その曖昧さのゆえに自分の受け止め方で変化するという柔軟性をもっています。自分がそれをどう受け取めどう生かすかという自分の主体性に依存しています。しかし、技術は使用する道具であり手段です。解釈に依存せず、それ自身で成立していて確実な実質的効果をもたらすと受け止められます。

ことにその「技術」「手段」が人間の運命、幸不幸を左右するとなると、人はその「魔法」「魔術」に引き付けられ、その技術に頼ることも出てきます。そうなると宗教儀式は、運命をコントロールする技術として、商品化すら可能になります。

しかし、人生において運命を確実に左右する技術は存在しません。人生の出来事は、人間のコントロール下にないからこそ運命であり、不確定であるからこそ希望や期待、祈りに意味があるようになります。人生が思い通りにコントロールできるならば、期待することも、希望を抱くことも、何かを祈ることも意味がありません。

宗教は、人間が超えることのできない時間の限界を超えて、過去や死後を含む未来に飛翔し、自分だけでなく、死んだ人もこれから生まれてくる子供も、全部ひっくるめてその運命にかかわるところにその特徴があります。しかし、葬儀にしろ供養にしろお布施にしろ、確実に何かを左右する技術ではありません。むしろ祈りを込めて何か思いを届けたいという愛情からの行為であることで意味が生まれます。

宗教によっては、人生における運命をコントロールする技術を売りにするものもあります。例えば除霊の類の行為です。古代には盛んだったこの類の行為は、現在でも形を変えて生きています。多額のお金を払って特別の物を入手すれば除霊ができ、その結果家庭内の不幸がなくなるとか、先祖が地獄から解放されるとか運勢がよくなるとか多様な形態があります。

しかし、宗教行為が何かの技術となり、この技術性が強まってゆくと、宗教から意味の次元は遠のき、儀式や宗教アイテムの手段化、商品化が起こります。免罪符は、この商品化の適例ですが、商業化が進んでゆくとある逆転がおこります。宗教が提供する物や儀式の効力から値段がきめられるのではなく、逆に、値段が効力をはかる基準となります。値段が高ければ高いほど効力があるという論理が生まれることもあるでしょう。もともと効力などはかれないことを扱っているわけですから、効力の程度も信じさえすれば、それで話は終わりです。

人間は信じて行動すると、その行動を疑いたくない、肯定したいという心理が働くために「こんなにお金を払ったんだから、効果がないはずがない！」と思わずにはいられません。周りの人も、その宗教の「偉い人」も、こぞって「そうだ、そうだ！」と言えば「そういうことに違いない」と確信します。

もともと実質的な効果ははかることができないことであり、基盤となっている物語そのものの信ぴょう性を確かめる基準も方法も存在しません。要は「信じるかどうか」です。しかし、行動化することにより、物語の現実化は深まり「物語を生きる」ようになるといえます。

効力を確かめる方法がないのであれば「信じて何が悪いのか？」という疑問も当然です。信じることがその人の人生にとってプラスになるのであれば、そうすることは自然です。しかし、問題は「信じる」ことが限度を逸脱して、根拠の薄いことに全面的な信頼を置くことは賢明ではないという観点が欠けていることです。「はまり方」が、それに「とらわれる」ほどになったら危険だということです。信じることが限度を過ぎて「とらわれる」状態になると、コントロールを失い、自分や家族の生活を破壊するまでに至る可能性があるからです。何をやるにしても、二重三重に別の視点から見て手をつくし、物事に備えるというのが良識です。

たとえば竜神様に漁の安全祈願をした漁師は、当然船の安全装備に万全を尽くし、日々の気象に心を向け、さらに仲間の船との交信をしながら安全を期します。同様に、たとえば精神疾患のある家族がいた場合、神や仏の加護を祈ったりすることもあり、宗教によっては除霊的なことを行う団体もあります。しかし、宗教行為は、心を込めて祈るということ自体に意味があるわけで、それに「はまって」「とらわれる」のは、私は行き過ぎだと思っています。

精神科医や心理カウンセラーの助けを得ながら、その人にあったセラピーの方法を探りながら対していく必要があり、家財を投じて除霊に「かける」ことなどはあってはならない行為です。宗教儀式などの宗教行為は、そこに込めたまごころ、祈り、尽くす行為に意味があるのであって、それが価格をつけた商品になるのは、宗教行為を「救済の技術」という疑似科学へ転嫁するものです。宗教を意味の視点から見直し、技術としての宗教行為の信頼は、むしろその効力ではなく、そこに込めたまごころに焦点をあてるという視点があってしかるべきです。

もちろん願をかけたり、熱心にお祈りしたりすることで実質的な効果を信じることはあることだと思います。問題は、その信じ方、信じる姿勢です。何を信じるにしても度を超すと「さらわれる」危険があります。「さらう」のはそれを提供する人かもしれず、宗教組織かもしれず、また自分が信じ切った内容それ自身かもしれません。信じることも度を過ぎると「自分で勝手に信じ込む」ことにより、自分で作った心の迷路に自分が閉じ込められることも起こります。それは「かたい信念」ではなく、硬直化した抜けられない迷路です。

言語の共有による信仰の現実化

観念や概念というものも、その思想の中だけにとどまっている時は、さほどの現実性はもっていません。むしろ考えを整理し、進めるためのツール、整理箱のようなものです。あくまでも思想性が強く残っています。しかし、宗教の場合、そこで語られる言葉、観念は、その固有の物語の中の言葉というものにとどまるのではなく、信仰共同体の中でお互いの会話の中で使われ共有されます。

儀式や宗教行為にまで落としこまれた言葉は、信者の体験に裏打ちされ、感情と生活のいろどりがほどこされ、信者一人一人のアイデンティティーをあらわす言葉にまでなります。いわば、言葉に血が通い肉が付き、抽象的な観念ではなく具体的で感情を伴った言葉となります。そうなるとその宗教の物語にある言葉は、その物語の中でしか意味を持たない言葉ではなく、一人歩きをはじめ現実的で実体的な言葉になります。そして信者は、その言葉を事実、実体、現実の事象を表したものとして理解します。つまり共同体で使用され、共有されることにより言葉は「現実の事象」ととらえられるようになります。

言葉というものは不思議なもので、誰もがそれを普通に使い、それが自分たちの経験や出来事を解釈するための言葉となると、意識下に沈んでいき、物事を考えるときの前提となります。その言葉が意味をするものがどんなに曖昧でも誰も疑問を挟まず、意識の対象ではなく、意識下の大前提、信念となります。信仰や信念といっても、個人の心の中の出来事としてとどまっているうちは限られた実在性、現実性しか持ちません。しかし、その信念や信仰が言語化され、そこで使われる用語が共有化されることによって、もはや信念か信仰ではなく「事実」、誰もが認め疑う余地のない事象となります。そして、排他的教派主義の信念は、言葉の現実性、実体化を後押しします。

たとえばある宗教において、その教えにそって、不幸の「原因」が先祖や自分、共同体の「罪」にあるとされて、その「罪」を取り除くことで幸せになるという教義があったとします。この罪という概念は、その教義の中では意味をもっていますが、その教義の外では意味がない言葉です。しかし、自分や家族が不幸に見舞われたとき「自分も知らない先祖の罪、何か悪霊が働いたのか?」と解釈し、その解決のために「先祖の解怨」とか、除霊などの行為におもむいたとします。信仰共同体の中で「罪」「解怨」などの言葉を普通に使い、それを誰もが理解していると、その言葉は、もはや教義の文脈の言葉ではなく、普遍的な「誰もが知っているべき当たり前の現実」になります。そしてその言葉を繰り返しお互いに使っていることによって、自分の解釈、言語使用が自分だけのものではなく社会化し、その社会化によって現実性が増すのです。信者が、狭い限られた宗教コミュニティの中でだけで生き、付き合う人も限られている場合は、その宗教世界の価値観が何が現実で、何が現実でないかを規定します。

意味はコンテクスト、つまり文脈に依存しており、文脈は、書かれたテキストから、生活の場面という生きる現実の文脈まで多層的です。信仰共同体における言語使用が、その言葉、概念を現実生活に落とし込み、言葉は生きた現実となり意識しない、つまり誰もが当然と思っている意識の基層に定着します。教派内で使われる言葉が意識下に沈みそこに定着することにより、教派の教えは思考の対象ではなく物事を考えるときの前提となります。

そうなるといかなる批判も、自分が目にした矛盾や疑問となる事態に出くわしても、教派の教えに沿い、組織の示す解釈に基づく解釈を行い、その前提となっている信仰内容は問われず手付かずのまま残ります。あらゆる疑問も、他者から投げかけられた批判も、信仰の基層には届きません。そしてその揺ぎなさ、ブレのなさが「信仰の証」と称賛されるため、信者の心の中で、あえて問うべきことを問わず矛盾から目を背けることが「正しいこと」だと理解されることになります。

つまり「信仰を問い直す足がかりがない」という状況が生まれます。こうなると誰から何をいわれても、明らかな矛盾や深刻な問題に直面しても、信仰の視点からみるという姿勢がうまれ、信仰そのものを問い直すことが難しくなります。

移動する境界

宗教に入ってそれから出られなくなる理由の一つに宗教教義の構造があります。宗教は、もともと答えのない問いにあえて答えを物語の形で与えるものです。人は死んだらどうなるのか？　どうして自分は、こういう顔かたちをもち、この親の元に生まれたのか？　さらに、そもそもなぜ自分は、自分が望んだわけでもないのにこの世に生を受けたのか？　人生にまつわる答えのない問いにある視点を与えることによって、一つの見方を「答え」として与えたものです。

百の宗教があれば百通りの見方があり、答えがあります。もともと確証しうる「答え」ではないので、その宗教を実践し、そこでそれなりの体験をして、それが「正しさの証し」だとその人が思えば「答え」になるし、そう思わなければ「答え」ではないというものです。

科学哲学の分野でいえば、カール・ポパー（１９０２-１９９４）は『科学的発見の構造』という古典的な著作の中で、科学理論と非科学理論を分ける基準は何かという問いを掲げ、反証可能性（falsifiability）をあげました。科学理論は、その完全な検証はできないがその理論が間違っているという反証は可能であり、科学の科学性というものは、常に暫定的な真理としてとどまり、反証に対して開かれており、反証を踏まえてさらに良い答え、良い理論を組み立ててゆくものであると論じました。科学哲学の中では、厳密な反証は難しいことがある等々、反証可能性という論点にも反論がありますが、科学理論の特徴を考えるうえで重要な視点です。

ポパーは、科学の特徴として開かれた態度、姿勢をあげました。その上で、科学の装いはしているが反証がほぼ不可能な理論構造をもっているものとしてマルクス主義やフロイトの精神分析をあげました。ポパーは、反証ができない構造をもつものとして、当然宗教をあげています。

宗教の場合、なぜ反証ができないかは明らかです。死後の世界のあり様など、実際には、検証も反証もできないことで「そうなのかな?」とそれなりに満足すればそれで話は終わりです。

ポパーがあげているもう一つの論点は、理論に合わない結果が出た時は、新たな仮定を付け加えてつじつまが合うようにするというやり方です。これをやると理論の反証は永久に不可能です。一例として宗教における約束をあげます。たとえば教会で、ある信者が「神に献身し、これこれのことをすれば難を逃れられるだろう」と言われたとします。その帰り道に車の大事故にあって大けがをしたとします。その人が「一体どうなっているんだ?」と言えば「神のご加護で死ぬところを逃れられたんだ」といえば反証は避けられます。あるいは「もっと神にささげなさいという神の警告ですよ。いやあ、生きていてよかった。神がチャンスを与えてくれたんです」となります。災難の内容も神の加護の内容もきわめてあいまいなので、解釈はどうにでもなります。自由に付帯条件や、新たな仮定を加えて解釈を変えられるので、その反証は不可能になります。まして死後の世界のこと、死者の生活の様子など、どうにも検証も反証もできません。

ポパーの論点を別にしても、検証ができないことはいくらでもあります。たとえば誰かが「神から啓示を受けた」といった場合、それが本人の思い込みなのか、夢をみたのか、悪魔のささやきなのか、あるいはまったくの創作なのか誰にも検証のしようがありません。誰も他人の心にはアクセスできないからです。

つまり宗教の物語は、検証可能かどうかという視点でみると、どう考えても確実な検証は不可能です。むしろ、人生という視点で見れば、その物語がその人にとって意味あるものであればそれでいいということにとどめることができます。フランクルは、宗教に対しこういうアプローチをしています。人それぞれが自分の人生にどういう意味をもたらすかという視点で、宗教、世界観をもてばいいと。

「神の啓示を受けた」という体験も、それがその人にとって何かポジティブな意味をもたらすものであれば、それでいいということです。問題はそのこと自体よりも、その体験がどうその人の人生や他の人に意味あるものとして、良いものをもたらしたのかということだと思います。宗教体験も一歩間違えば妄想となり、それにとらわれて人生が無茶苦茶になれば重度の精神疾患と同じような一つの病気といえるでしょう。

宗教の教えは反証不可能なものであり「言うことが当たっている」といっても、実際には「当たっている」というよりは、当たるように条件を加えて解釈したということに過ぎません。そのためにどこまで行っても「限界」にぶつからず、信仰を見直すことがないという状況が生まれます。

また宗教の体験の深まりは終わりがありません。そもそも経験というものは、重ねれば重なるほど深まってゆき、とどまるところはありません。その意味で、宗教は、その境界線そのものが自分の動きに沿って移動していく、つまり、進めば進むほど限界性が向こうに進んでいく水平線のようなものです。

こうした宗教のもつ理論的な構造により限界に至りにくいということが、はまった宗教を見直すきっかけが持てない一つの理由です。「まずとりあえずやってみて、間違っていれば限界にぶち当たるだろう」と考えている人にとって、限界にも限界らしいきっかけにも出会うことはありません。歩けども歩けども…。宗教の知の限界を問うことがそのきっかけとなると思います。

アイデンティティーと共同体

組織宗教の信仰者が、その信仰から抜け出れない大きな理由に人間関係があります。組織宗教では信者による共同体が生まれます。お互いに同じ信仰を持ち、価値観を共有し、教義に基づいた言語を互いに使うことにより一つのコミュニティーができ、友人関係もできます。信者も組織も、その信仰は誰にもオープンな開かれたコミュニティーだと自覚しているのですが、それはそう思っているだけで、実際には、閉じられた狭いコミュニティーです。

宗教信仰は、人に信仰の視点から見たアイデンティティーを与えます。そして信者は、その信仰を前提とした、あるいは信仰に依存した価値観で行動し、信仰コミュニティーではそれを分かち合います。こうした経験を重ねてゆくことにより、信者は、信仰を基にした人間関係で繋がれていくことになります。しかも、その人の価値、アイデンティティーは、この信仰コミュニティーでこそ生きていますが、そのコミュニティーを離れれば失われるものなので、とくにそのコミュニティーで何年、何十年と生きた人にとって、そこから離脱して生きることはとても難しいことになります。
そのコミュニティー以外に親しい人はどこにもおらず、その共同体を離れて、新しい人間関係を築くのは容易ではありません。信者が、その信仰組織における矛盾や腐敗、教義における問題に出くわしても、その宗教を出られない主な要因はこの人間関係、コミュニティーにあります。

信仰コミュニティーでは、信仰を中心に価値観が組み立てられているので、信仰に熱心な人は賞賛の対象となり、信仰に問いを投げかける人は、どんなにその問いが正当なものであったとしても、非難の対象になります。つまり、信仰コミュニティーでは、信仰を強める方向に賞賛・非難のベクトルが働いていて、ある意味で独断的で独善的な人でもその姿勢は信仰の強さとみられ賞賛の対象となります。逆に組織内における問題点を指摘し疑問を提起する人、まともなことを言う人は、信仰のない懐疑的な人として敬遠されがちです。もともと排他的教派主義自体が独断的な信仰ですから、独断的な人はむしろ歓迎され、冷静に物事を見る人は敬遠されるベクトルが働いています。

宗教共同体では、その中での賞賛や非難が道徳的な力として作用しており、排他的教派主義とその権威主義に沿った言動は、組織からも賞賛されその賞賛は共同体に浸透します。逆に、その言行がどんなに正当であったとしても、批判や疑問はかき消されるか封じられます。それでも声を大にして言う人は、信仰の欠如者として非難の対象となり、教派主義の共同体の中では「行き場」がありません。

人のアイデンティティーというものは、その人が生きた歴史、コミュニティーとの関わりが形成要素となっています。そのコミュニティー以外には拠り所となるコミュニティーがない人にとって、その宗教からの離脱は人間関係の再構築と自分のアイデンティティーの再構成を迫られる事態です。

宗教信仰にコミットしている人にも、わき目も振らずにまっしぐらという人から、自分の教派の限界を見届けて距離をおいている人など、実際にはその距離のとり方、態度は多種多様です。「行き場」がないからやむを得ずとどまっている人、収入源として経済的な理由でとどまっている人もいくらでもいます。「洗脳」されたから宗教にとどまっているという単純な問題ではありません。

自由な討議の場とコミュニティーの形成

閉じられた狭い宗教共同体の問題点がわかったとしても、「では、どうすればいいの?」と具体的な「次のステップは何か?」という問いがうかびます。私は、自由な討議の場とそこに集うコミュニティーがあればと望んでいます。宗教組織が主催しているエキュメニカル(超宗教、超宗派)な活動は、自分の教派の拡大のためにとっている宣伝や外交スタンスという場合が多く、「私たちは開かれた宗教ですよ!」という姿勢をアピールするものでしかありません。内実は組織拡大のための戦略です。自派へのシンパをつくり、すそ野を広げるためであり、イデオロギー化した自派の絶対的優越性は揺るがぬ信念です。しかも、参加するそれぞれの宗教、教派の人達が、みなそうした信念に固まっているのですから、宗教とは何かを真摯《しんし》に問う場でもなく、新たな道を模索する場でもありません。

教派主義的イデオロギーから脱却し、むしろ宗教そのものを問い、対話し、その良い所も悪い所も真摯に討議する場があってしかるべきではないでしょうか？　本当の意味で「開かれた場」というものは、教派の拡大の意志から離れた所にしか成立しません。その人の信仰へのスタンスにかかわらず、宗教を根底から考えてゆく集いと自由な集まりがあってもいいと思います。

こうした提案そのものが、教派信仰への挑戦として攻撃の的となる可能性はあります。しかしイデオロギー化の克服は、知の営みそのものに課せられた課題であり、宗教もその例外ではありません。愛するということ、良心的に生きるということ、フランクルの言葉でいえばまともな人（decent man）として生きるということは、イデオロギーから脱却した開かれた心とその集いの場でしか成立しません。人が人生を自分のものとできるように、忌憚のない討議と対話の場、共に学びあう場があってしかるべきではないでしょうか？

おわりに

旧統一教会をめぐって宗教の問題、とくに組織宗教の問題が浮き彫りにされ、誰もがもう一度宗教を問い直す状況に立たされています。宗教はその形態も様々で、その定義すら難しいほど広範囲に広がっています。私は１９７０年、早大生だった時、大学紛争の真っただ中の早稲田大学のキャンパスで、統一教会の学生部門である原理研究会に入り、１９７９年に渡米し、ニュースクール・フォー・ソーシャル・リサーチ（New School for Social Research, New York）で哲学の修士、博士号をとった後、ニューヨークにある統一教会系の大学である統一神学校（Unification Theological Seminary, 現 HJ International Graduate School for Peace and Public Leadership）の教授として哲学を教えてきました。

もともとは現象学が専門でしたが、かねてから関心を抱いていたヴィクター・フランクルの研究に向かい、フランクル研究所（Viktor Frankl Institute of Logotherapy）でディプロマット（Diplomate of Logophilosophy）の資格を得て、現在もフランクルの研究につとめています。

本文でも論じましたように、フランクルは「人生の意味」を問いの中心に据え、その視点から複数の視点でものを見る多次元的な解釈学を展開しました。フランクルは精神医療における宗教の肯定的な役割を理解する一方で、排他的教派主義には鋭い批判を展開しています。一人一人の人生はそれ自身で意味があり、それは人間存在の根源的な事象だというのがフランクルの洞察で、それは宗教信仰以前にあり「信仰とは独立して存在する」という視点をもっています。排他的教派主義が、全ての価値を宗教信仰から導き出すのとは対照的です。

本書では、このフランクルの視点が、どのように排他的教派主義の問題点を開示するかという点をたどってみました。信仰に「とらわれている」人達の視点もわかりますし、同時に「飛んでいる信者」を家族に抱えて途方にくれている家族の視点もわかります。一方で、宗教信仰を社会心理学を援用しながら「洗脳」（学問的には死語ですが）で説明しようとする言説があり、他方で、宗教信仰の信念を繰り返すだけの言説もあります。二つの極端な言説のはざまで「どう宗教に向かい、どう教派主義に対したらいいのか?」と途方に暮れる宗教一世、宗教二世がいます。熱心な信仰者そのものも何が問題なのかわからず、残された家族もどうしたらいいか戸惑うばかりです。

本書は「人生の意味」という視点から、この限りなく錯綜した問題にメスを入れ、忌憚のない分析を試みました。宗教信仰を外側から見ている人だけでなく、宗教一世と宗教二世が対話しうる場が開かれることを願っています。宗教信仰は、最終的にはその人が決めるものですが、私のシニカルな批判的分析が、その手助けになればと願っています。

本書は、私がフランクル学会（World Congress of Logotherapy）で発表した二つの論文、『信仰システムのパラドックス：ヴィクター・フランクルのアプローチ』（Paradoxes of Belief Systems:

Viktor Frankl's Approach)、『ヴィクター・フランクルの解釈空間と信仰システム』(Viktor Frankl's Hermeneutic Space and Belief Systems) をもとにして日本における宗教問題に当てはめて書きました。宗教以外のイデオロギーへの批判の含みもあります。

本書ではフランクルの精神療法、ロゴセラピーのエクササイズを提供しながらフランクルの人生に対する見方を紹介する章も加えました。「人はどうして生きなければならないのか?」「何のために人は生きているのか?」人生の意味の問いは、繁栄の真っただ中でも、苦悩に次ぐ苦悩の底を這っている時でも、何の変哲もない日常の反復と倦怠の中にいる時でも、ふっとした時間の隙間に浮かび上がってきます。フランクルの著作や、セラピストの立場から書いたフランクルの解説書など、たくさん良書が出ています。本書がフランクルへの橋渡しとなり、読者が自分自身の「人生の意味」を見出すきっかけになればと願っています。

私の思想的な立ち位置は、フランクルを軸にして、ハイデガー、そしてリチャード・ローティ(Richard Rorty 1931-2007) に接近した所にいます。フランクル、ハイデガー、ローティ(正確にはシェリル・ミサック)をつなぐ線を探り、そこから宗教を問い直すというのが現在の立ち位置です。ウイリアム・ジェイムズ(William James, 1842-1920)は、『プラグマティズム』の中で、哲学は「最も小さな裂け目でその営みをなし、最も大きな視界を開く」(It works in the minutest crannies and it opens out the widest vistas.) といいましたが、宗教信仰が投じた裂け目から、新たな展望が開かれることを望んでいます。

フランクル研究所（Viktor Frankl Institute of Logotherapy）のシンシア・ウィンバリー教授（Cynthia Wimberly）と宗教学者で精神科医でもあるジャニータ・タンゼイ博士（Janeta Tansey）には開かれた対話の友として、アートヴィレッジの越智俊一社長には出版に関して大変お世話になりました。あらためてお礼を申し上げます。

二〇二四年五月三十一日　ニューヨークにて

Heidegger M. Stambaugh J. & Schmidt D. J. (2010). Being and time. State University of New York Press ; Excelsior ; University Presses Marketing distributor.
Husserl E. & Lauer Q. (1965). Phenomenology and the crisis of philosophy : philosophy as a rigorous science and philosophy and the crisis of european man. Harper & Row.
Husserl, Edmund. (2001). Logical Investigations. Ed. Dermot Moran. 2nd ed. 2 vols. London: Routledge.
Kanol E. (2021). Explaining unfavorable attitudes toward religious out-groups among three major religions. Journal for the Scientific Study of Religion 590–610.
https://doi.org/10.1111/jssr.12725
Kant I. Guyer P. & Wood A. W. (2000). Critique of pure reason. Cambridge University Press.
Nietzsche, Friedrich. (1967), transl. by Walter Kaufmann, The Will to Power, Random House
Spiegelberg H. (1965). The phenomenological movement (2nd ed.). Nijhoff.
Meier A. (1973). Frankl's "will to meaning" as measured by the purpose in life test in relation to age and sex differences (dissertation). University of Ottawa.

主な参考文献

引用文は、拙訳を用い、引用文のページは電子書籍版に基づいています。フランクルの著書の日本語訳や、カウンセリングを専門としている著者によるフランクルの解説書など良書がたくさん出ています。ぜひ手に取って読んでみてください。

Auestad, Lene (2015). Respect, Plurality, and Prejudice : A Psychoanalytical and Philosophical Enquiry into the Dynamics of Social Exclusion and Discrimination, Taylor & Francis Group, 2015. ProQuest Ebook Central,
http://ebookcentral.proquest.com/lib/unithesem/detail.action?docID=1940084.

Frankl V. E. (1967). Psychotherapy and existentialism : [selected papers on logotherapy]. Washington Square Press.

Frankl, Viktor E. (2004). On the Theory and Therapy of Mental Disorders, Tylor & Francis Frankl V. E. Winston C. & Winston R. (2019). The doctor and the soul from psychotherapy to logotherapy (Third expanded ed. with a new preface an updated bibliography and an added chapter written in English by the author). Vintage Books. Kindle Edition.

Frankl, Viktor E Translated by Franz Vesely and David Nolland (Source: Der Wille zum Sinn, Hogrefe Verlag) About Ten Theses of the Person, viktorfrankl.org

Frankl, Viktor E. (2000) Man's Search For Ultimate Meaning. Basic Books. Kindle Edition.

Frankl, Viktor E. (2006) Man' s Search for Meaning. Beacon Press. Kindle Edition

Frankl, Viktor E. (2014), The Will to Meaning. Penguin Publishing Group. Kindle Edition

著者プロフィール
野田啓介（のだ・けいすけ）

Ph.D.（哲学博士）哲学者。

静岡県生まれ。早稲田大学卒。ニューヨークのニュースクール・フォー・ソーシャルリサーチ（New School for Social Research）大学院哲学科博士課程卒。ニューヨークの統一神学校（Unification Theological Seminary, 現 HJ International Graduate School for Peace and Public Leadership）哲学教授、アソシエイト・プロボスト（Associate Provost）。ヴィクター・フランクル研究所公認ディプロマット。著書に『小説哲学史』上下２巻（太陽書房)、『それでも僕は生きてゆく』（アートヴィレッジ）など。

宗教の限界と人生の意味

V・フランクルの視点

2024年7月1日　第1刷発行

著者 野田啓介

発行 アートヴィレッジ
〒663-8002
西宮市一里山町5-8・502
Tel ：050-3699-4954
Fax ：050-3737-4954
Mail : a.ochi @ pm.me

装丁 西垣秀樹